Como ser existencialista

Gary Cox

Como ser existencialista

ou Caia na real, vá à luta
e pare de arrumar desculpas

Tradução de Leila V. B. Gouvêa

São Paulo

Copyright © 2009 Gary Cox

Título original: *How to be an existentialist – or How to get real, get a grip and stop making excuses*

Tradução publicada conforme acordo com a Continuum International Publishing Group Inc.

Todos os direitos reservados. Nenhuma parte desta edição pode ser utilizada ou reproduzida – em qualquer meio ou forma, seja mecânico ou eletrônico –, nem apropriada ou estocada em sistema de banco de dados sem a expressa autorização da editora.

O texto deste livro foi fixado conforme o acordo ortográfico vigente no Brasil desde 1º de janeiro de 2009.

PREPARAÇÃO:
Cacilda Guerra

REVISÃO:
Beatriz Chaves e Entrelinhas Editorial

CAPA:
Andrea Vilela de Almeida

FOTO DE CAPA:
© Aji Jayachandran | Dreamstime.com

IMPRESSÃO E ACABAMENTO:
EGB - Editora Gráfica Bernardi Ltda.

1ª edição, 2012

Dados Internacionais de Catalogação na Publicação (CIP)
(Câmara Brasileira do Livro, SP , Brasil)

Cox, Gary
   Como ser existencialista, ou Caia na real, vá à luta e pare de arrumar desculpas / Gary Cox ; tradução de Leila V. B. Gouvêa. – São Paulo : Alaúde Editorial, 2012.
   Título original: How to be an existentialist, or How to get real, get a grip and stop making excuses.
   ISBN 978-85-7881-085-6

   1. Conduta de vida 2. Existencialismo I. Título. II. Título: Caia na real, vá à luta e pare de arrumar desculpas.

11-06999					CDD-142.78

Índice para catálogo sistemático:
1. Existencialismo : Filosofia 142.78

2012
Alaúde Editorial Ltda.
Rua Hildebrando Thomaz de Carvalho, 60
04012-120, São Paulo, SP
Tel.: (11) 5572-9474 e 5579-6757
www.alaude.com.br

Sumário

Introdução 7

1. O que é um existencialista? 13

2. O que é existencialismo? 17
   Breve panorama e rápido histórico 17
   Existencialismo e consciência 25
   Temporalidade 35
   Ser-para-outro 39
   Liberdade e responsabilidade 47
   Liberdade e deficiência 51
   Possíveis limites à liberdade 54
   Liberdade e ansiedade 57

3. Como não ser existencialista 59
   Má-fé não é autoengano 61
   Sedução e provocação 63
   Garçons, atores e atitudes 65
   Homossexualidade, sinceridade e transcendência 68
   Ignorância intencional 72
   Contingência, náusea e o Alka-Seltzer existencial da má-fé 74
   Bigodes e *salauds* 78

4. Como ser autêntico 85
   Ser autêntico e cair na real 86
   Ser-em-situação 87

A liberdade como valor 89
O problema de *ser* autêntico 91
Autenticidade e inteligência 96
A autenticidade e os outros 99
A autenticidade segundo Nietzsche – Nunca se lamentar 101
A autenticidade segundo Heidegger – Autêntico ser-para-a-morte ...105

5. Terapia existencial 111

Notas 118

Leitura complementar 121

Índice remissivo 122

Introdução

De acordo com existencialistas linha-dura como Jean-Paul Sartre, não importa o que façamos, sempre *escolhemos* fazê-lo e somos *responsáveis* por tê-lo feito – até mesmo despencar de um precipício. Você, portanto, escolheu abrir este livro, e abriu-o. É, assim, responsável pelo que fez, mesmo que o tenha feito de modo aparentemente impensado.

Por exemplo, talvez você esteja apenas matando tempo numa livraria, à tarde, à espera do ser amado. Você não tinha intenção de adquirir este livro, pois existem coisas mais importantes com as quais gastar dinheiro. A pessoa amada espera que você cuide dessas coisas, que podem ser encontradas numa boa lanchonete – e não costumam ser baratas. Em resumo, você vai devolver o livro à prateleira com aquela expressão de quem se justifica para um eventual observador: "Estou aqui para comprar um livro, mas este que folheei não é bem o que procuro". É claro que não posso supor que suas ações sejam tão previsíveis. Você é livre para escolher e agirá conforme suas escolhas. E é justamente por ter liberdade de escolha, como todo mundo, que você tem o potencial de se tornar um verdadeiro existencialista, caso não o seja ainda.

Talvez você esteja cuidando do filho de um vizinho e, depois de ter finalmente acomodado a criança no berço, decida examinar a estante de livros para comprovar como os pais dele são incultos. Este livro atrai seu olhar porque você sabe muito ou pouco sobre o existencialismo; porque é um volume pequeno, enquanto a maioria dos livros que você já viu sobre o assunto são muito grossos; e também porque ele tem um título prático e sonoro, em nada pretensioso ou obscuro, como *O ser e o tempo* ou *Fenomenologia da percepção*; ou ainda porque o volume parece capaz de lhe oferecer a oportunidade de se tornar alguém um tanto misterioso e especial, caso decida lê-lo por inteiro.

Mas talvez você não tenha escolhido este livro de modo totalmente impensado, e sim com uma proposta bem clara. Muito bem. Com esse tipo de atitude decidida, você já está no caminho certo para se tornar um verdadeiro existencialista. No dia seguinte, você o encomenda pela internet, usando o cartão de crédito, e logo o recebe pelo correio. Rasga então o pacote e mergulha na leitura. Afinal, você está pensando em dar um novo rumo à sua vida e, com esse propósito, decide tornar-se existencialista; para acercar-se desse que é o mais peculiar e mal compreendido dos cultos, ou seja, dessa associação que não exige taxa de inscrição dos sócios – a não ser sua sanidade e sua verdadeira alma –, é preciso estar ciente de que o clube exclusivo é formado por aquela espécie de gente que pensa de modo independente, gente que afinal nunca se associa a clubes ou segue a multidão. O comediante Groucho Marx – não confundir com o filósofo Karl Marx, embora ele tenha sido também inteligente – disse certa vez: "Não quero pertencer a nenhum clube que me aceite como sócio". Bem, um verdadeiro existencialista não poderia entrar para um clube com sócios.

Uma vez que um preâmbulo está fora de questão, a primeira coisa que este livro procura fazer é explicar o que é o existencialismo do modo mais simples e direto possível. Há centenas de livros que explicam o existencialismo de maneira mais filosófica, alguns dos quais eu mesmo escrevi; assim, se você quiser se aprofundar na teoria do existencialismo, e talvez nunca mais emergir, consulte a seção "Leituras complementares", ao final deste volume.

Como fruto de minhas reflexões, cheguei à conclusão de que uma pessoa não pode se tornar existencialista a menos que conheça um pouco a filosofia ou a visão de mundo do existencialismo. No entanto, conhecer um pouco, ou até mesmo muito, sobre o existencialismo por si só não fará de você um existencialista. Para ser um verdadeiro existencialista, é preciso viver de certa maneira, ou pelo menos adotar certa atitude em relação à vida, à morte e aos outros. Para ser existencialista não basta apenas ter o conhecimento. Por essa razão, alguns dos mais famosos filósofos existencialistas talvez não tenham sido verdadeiros existencialistas, pois, apesar de seu profundo conhecimento teórico, não viveram a vida; isto é, não praticaram aquilo que pregavam.

Imagino que o maior valor de ter um conhecimento operacional do existencialismo como teoria filosófica esteja em poder compreender *por que* faz sentido viver de acordo com uma visão de mundo existencialista; e por que ela consiste em uma forma mais honesta, mais digna e até mesmo mais moral de viver do que outras que você já tenha experimentado.

Os fundadores da filosofia ocidental – os gregos Sócrates, Platão e Aristóteles, entre outros – pensavam que a questão filosófica mais importante do universo, aquela que determina todas as outras questões filosóficas, é: "Como devo viver?" Se você está mesmo interessado em se tornar existencialista, então o que lhe interessa é essa velha e importante pergunta. Ao contrário das religiões, o existencialismo não manda fazer isto ou aquilo; não obriga as pessoas a desempenhar papéis sem se atrever a questioná-los. Em vez disso, ele descreve de modo coerente, honesto e intransigente o que significa viver neste mundo estranho e selvagem. Ele visa a lhe mostrar o que na verdade você é quando todas as bobagens e absurdos que já ouviu de cientistas, pregadores, pais e professores são jogados fora. O objetivo do existencialismo é revelar que você é *fundamentalmente livre*, de maneira que você possa começar a viver assim; de modo que possa começar a afirmar sua liberdade individual, sua verdadeira "natureza", em vez de viver como se fosse um robô programado por outras pessoas, pelas convenções sociais, pelos dogmas religiosos, pelos princípios morais, pela culpa e por todas as demais velhas forças opressoras.

O existencialismo tem tudo a ver com liberdade e *escolha* pessoal. Tem tudo a ver com encarar a realidade de maneira corajosa e honesta, vendo as coisas tal como elas são. Tem a ver também com ressaltar palavras como *escolha*. No entanto, tornar-se existencialista demanda certo esforço. A maior dificuldade está em sustentar, sem fraquejar, o que os existencialistas chamam de *autenticidade*, quando todos, inclusive você e tudo o que está à sua volta, pensam em abandonar essa ideia como se fosse um grande capricho e sucumbir àquilo que os existencialistas denominam *má-fé*. Má-fé tem muito a ver com o que artistas sérios, músicos e estrelas do rock chamam de "vender-se". De fato, existencialistas odeiam, detestam e abominam a má-fé, e voltaremos mais tarde a esse assunto, assim como ao da autenticidade. Este livro tem muito a dizer sobre esses dois temas, uma vez que eles estão no centro do existencialismo e também do projeto de tornar-se existencialista.

Não pretendo insistir demais no esforço necessário para se tornar existencialista, pois é mais fácil tornar-se existencialista do que, por exemplo, consertar um carro ou aprender uma língua estrangeira. Muitos existencialistas, no entanto, de fato aprenderam a falar francês ou alemão *antes* de se tornarem existencialistas. Ser existencialista não consiste, tampouco, numa habilidade. Será que não? Para falar a verdade, eu mesmo não sei. Um existencialista – se é que sou um deles – sempre reconhece quando não tem certeza de alguma coisa. Nunca procura convencer a si mesmo, só para ter paz de espírito, de que alguma doutrina idiota é correta. Os Beatles disseram em uma canção: "Você sabe que eu daria tudo o que tenho para conseguir um pouco de paz de espírito". Bem, um existencialista não daria nada em troca de paz de espírito, a menos que obtivesse como recompensa algo também verdadeiro. Um existencialista pode suportar, ao mesmo tempo, incertezas e a dura verdade. Mas isso não compete ao filósofo? Não se preocupe, afinal o existencialista é um tipo de filósofo, assim como o existencialismo é um ramo da filosofia. Quando terminar este livro, você poderá decidir por si mesmo se acha que ser existencialista é ou não é uma habilidade.

Os filósofos que já devoraram todos os dicionários da biblioteca da universidade – a maioria deles – chamam o existencialismo de *ontologia fenomenológica*. Mas pretendo evitar ao máximo o jargão extravagante neste livro leve e, espero, um tanto irresponsável sobre a responsabilidade e outros assuntos de peso. Se você aprecia o jargão extravagante, leia meus livros mais sérios sobre o existencialismo ou, mais especificamente, meus livros sobre Jean-Paul Sartre, o famoso existencialista francês. Esta é a segunda vez que me refiro sem modéstia a meus outros livros no espaço desta breve introdução, mas um existencialista – se é que sou um deles – nunca deve temer ser muito audacioso, nem muito reservado. Alguns existencialistas, supostos e verdadeiros, deduzem um monte de coisas úteis da reserva.

Se você leu este livro até aqui e tem planos de continuar, seja bem-vindo a mais um livro de autoajuda, que mudará o modo como você pensa e sente a vida. Na verdade, espero que ele lhe proporcione mais do que isso. A expectativa é de que ele mude sua maneira de se *comportar*, *de agir*. O existencialismo considera que uma pessoa só pode mudar de verdade a maneira como pensa e sente a vida passando a se *comportar* de maneira diferente, agindo mais do que apenas reagindo, afirmando sua vontade mais do que apenas se deixando arrastar pelas circunstâncias, sempre assumindo a *responsabilidade* por si mesmo e pelo que faz.

Como já disse, o existencialismo tem tudo a ver com liberdade. No centro da liberdade está a escolha; e no centro da escolha está a *ação*. A ação, portanto, está no centro do existencialismo, assim como está no centro da existência humana. "Ser é fazer", disse Sartre, sintetizando com precisão a importância que confere à ação. Se alguém souber uma única coisa sobre o existencialismo, provavelmente será esta máxima: "Ser é fazer".

Por fim, uma advertência: se este livro não mudar para melhor a maneira como você pensa, sente e age – ou do jeito que você espera e almeja –, não me culpe! Eu me responsabilizo por ter escrito o livro, mas você é responsável por tê-lo comprado, emprestado ou roubado, e também por lê-lo e pelo que fizer com ele – ou pelo que vier a fazer ou não em reação ao que leu. Jogar a responsabilidade pelas coisas para cima dos outros virou moda. Pode-se dizer que vivemos numa *cultura da acusação* ou, mais precisamente, numa *cultura de acusar a todos, menos a si mesmo*. "Fiz isso por causa da educação que tive." "É culpa do meu professor se fui reprovado no exame, ainda que eu tenha faltado à metade das aulas e dado desculpas como a de que tinha de ir a um enterro." "É culpa do McDonald's se queimei minha língua com o café muito quente." Sim, o McDonald's pode ser responsável por servir café muito quente e por muitas outras coisas, mas o cliente é responsável por ter comprado e tomado o café. Há pessoas com obesidade mórbida que *escolheram*, dia após dia, engordar um pouco nas lojas do McDonald's e que agora estão processando a rede por tê-las deixado assim. Omitir a própria responsabilidade e culpar os outros virou moda, mas isso foi, é e sempre será extremamente antiexistencialista, extremamente inautêntico.

O existencialismo tem sido acusado com frequência de ser um conjunto de ideias perigosas. Em 1948, por exemplo, a Igreja Católica, em sua infinita sabedoria, decidiu que as ideias ateístas, iconoclastas, revolucionárias e existencialistas de Jean-Paul Sartre eram tão perigosas que toda a sua obra foi colocada no Índex de Livros Proibidos (o *Index Librorum Prohibitorum*). Inclusive os livros que Sartre ainda não tinha escrito! Mas, na realidade, não existem ideias perigosas. Apenas o que as pessoas *escolhem* fazer com ideias pode ser perigoso, especialmente para o *status quo* e para os poderes constituídos, como governos, religiões e corporações multinacionais. Quanto a você, faça o que quiser com estas ideias, ou então não faça nada – pessoalmente, não me importo –, mas lembre-se do que os filósofos existencialistas disseram: escolher não escolher é também uma escolha pela qual só você é responsável.

1
O que é um existencialista?

No *Sartre Dictionary* [Dicionário de Sartre],[1] assim defini o termo *existencialista*:

> Aquele que se relaciona com o movimento conhecido como **existencialismo**. Alguém, **Sartre** por exemplo, cuja obra e ideias contribuíram para o existencialismo. Todo aquele que concorda de maneira ampla com as teorias e a visão do existencialismo ou que procura viver de acordo com seus princípios.

Por si só, essa definição talvez não acrescente muito. Será útil apenas em relação aos dois verbetes indicados em negrito e a outros verbetes indicados nesses verbetes, e assim por diante. O que deve ficar claro é que, para compreender plenamente o que é ser existencialista, é necessário compreender o que é o existencialismo. Com esse propósito, depois deste capítulo, bastante breve, escrevi o capítulo intitulado "O que é o existencialismo?", mais longo.

Realmente, não é possível expor em poucas palavras o significado de ser existencialista, daí o inevitável conceito transcrito anteriormente. A compreensão do que é ser existencialista e de como alguém se torna existencialista irá se tornando mais clara aos poucos, ao longo deste livro. Estou confiante de que, ao chegar ao fim deste volume, você entenderá o que é ser existencialista e o que, em termos gerais, é necessário para se tornar um. Estando pressuposto que o pleno significado de *existencialista* é algo que emergirá ao longo da leitura, começarei por dizer que para se tornar existencialista a pessoa deve preencher três condições estreitamente relacionadas:

1. *Conhecer razoavelmente a filosofia e a visão de mundo do existencialismo segundo pensadores como Arthur Schopenhauer, Friedrich Nietzsche, Jean-Paul Sartre, Simone de Beauvoir, Albert Camus, Samuel Beckett e Pernalonga.*

Bem, na verdade, Pernalonga jamais contribuiu para a teoria do existencialismo, mas, ao aceitar a realidade de sua própria situação, afirmando a sua liberdade e agindo de maneira decidida em todas as circunstâncias, ele revela uma atitude verdadeiramente autêntica e existencialista. Certamente ele não é um coelho paralisado diante da vida. Seu bordão zombeteiro, antiautoritário – "O que é que há, velhinho?" –, pronunciado enquanto rói uma cenoura roubada, mostra que ele nunca foi pego de surpresa e está sempre pronto a aceitar qualquer coisa que a vida, ou Hortelino Troca-Letras, venha a lhe aprontar.

2. *Aceitar a filosofia e a visão de mundo do existencialismo em certa medida; considerar que elas podem estar mais ou menos corretas.* Isso significa que não se deve concordar passivamente com todos os pressupostos do existencialismo, como se fossem dogmas religiosos. Em vez de aceitá-los ou rejeitá-los de pronto, pode-se submeter seus argumentos a um crivo crítico, pois, se há algo que o existencialismo estimula é o questionamento e o espírito crítico.

Tendo estudado o existencialismo em qualquer de seus aspectos, passando assim a dispor de uma compreensão sólida sobre o assunto, ninguém pode recusá-lo como se fosse um disparate. O existencialismo é uma filosofia visceralmente honesta, que vê a existência humana como ela de fato é, construindo postulados abrangentes e holísticos, fundamentados em fatos inegáveis, em verdades da condição humana, como a de que todos somos mortais. Como disse certa vez Charles Dickens, ao escrever sobre a avaliação severa do senhor Turveydrop feita por uma velha: "As coisas se encaixavam de tal maneira que seria impossível não se convencer".[2] Da mesma forma, a filosofia existencialista é convincente e plausível porque nela as coisas se encaixam com muita coerência.

Quem recusa o existencialismo tende a fazê-lo não porque não o compreenda, mas porque não pode enfrentá-lo. Em *Além do bem e do mal*, Nietzsche escreveu: "Isso não me agrada". "Por quê?" "Não estou preparado para isso." "Alguém já respondeu assim?"³ Como vimos, compreender o existencialismo requer muito mais honestidade intelectual e coragem do que inteligência e competência acadêmica.

3. *Esforçar-se para conseguir viver e agir de acordo com as descobertas e as recomendações do existencialismo. Uma pessoa pode até conhecer o existencialismo e estar convencida de sua verdade, mas não será verdadeiramente existencialista se não se empenhar em viver a vida.*

É bem possível que alguém conheça o existencialismo e reconheça sua veracidade em um nível intelectual, mas na maior parte do tempo não viva de acordo com ele. Essa atitude representa o que os filósofos existencialistas chamam de *má-fé*. A má-fé consiste numa espécie de atitude equivocada, e me deterei nela no momento adequado. Por enquanto, basta dizer que a má-fé costuma ser algo difícil de evitar. Vivemos em um mundo construído sobre a má-fé. A má-fé oferece desculpas convenientes e estratégias comportamentais, distrações diversas que tornam o cotidiano mais fácil de suportar.

O verdadeiro existencialista conhece o existencialismo, acredita no existencialismo e luta incessantemente para viver em conformidade com o existencialismo. Essa pessoa, homem ou mulher, busca superar a má-fé e atingir o que os filósofos existencialistas chamam de *autenticidade*. A autenticidade é o Santo Graal do existencialismo, o principal objetivo ou ideal existencialista. Voltarei a abordar esse assunto mais à frente.

Curiosamente, parece bastante possível que alguém seja autêntico sem nunca ter ouvido falar em existencialismo. Do contrário, estaríamos afirmando que só se pode atingir a autenticidade pelo exercício intelectual – como se fosse preciso ler e estudar para se tornar autêntico. Algumas pessoas conseguem se tornar autênticas simplesmente por meio da experiência de vida; por exemplo, as que optaram por se tornar particularmente corajosas ou genuinamente filantrópicas. Pernalonga é uma delas – mas quem se surpreenderia de descobrir que ele lê Nietzsche quando não está ocupado exercitando sua vontade de potência sobre Hortelino?

Podemos chamar essas pessoas, esses coelhos extraordinários, de verdadeiros existencialistas; porém, na realidade, eles não são absolutamente existencialistas, mas, sim, o que os acadêmicos que estudaram o existencialismo definem como *autênticos*. Eles não descrevem a si mesmos como *autênticos*, uma vez que não se consideram assim; apenas se lançam a tudo o que fazem sem inibições, sem questionamentos nem lamentações. De fato, não é autêntico uma pessoa questionar se é ou não autêntica. Quem diz "Sou autêntico" pensa que *é* alguma coisa, uma entidade determinada, uma *coisa*-autêntica. Por motivos que mais tarde procurarei esclarecer, uma pessoa que pensa assim ou que tem tal atitude na verdade revela má-fé.

Assim, é possível ser autêntico sem ser existencialista, mas não é possível ser um verdadeiro existencialista sem lutar bravamente para ser autêntico. Ao leitor deste livro que espera alcançar a autenticidade advirto, portanto, que o ponto-chave é que essa busca pode começar pelo aprendizado do que é o existencialismo. Muitas pessoas têm sido motivadas a perseguir a autenticidade como resultado direto do estudo do existencialismo. Estudar os principais aspectos do existencialismo, as verdades incontornáveis – *existenciais* – da condição humana, implica desnudar a má-fé e ressaltar o imperativo de liberdade e responsabilidade. Desse modo, estudar o existencialismo pode constituir um processo de profunda iluminação, capaz de influenciar a natureza da vida de uma pessoa.

Frequentemente a filosofia é vista como uma disciplina inalcançável, sem conexão com a vida real, uma das muitas especialidades que podem ser estudadas numa universidade, de modo que o argumento de que seu estudo pode resultar em iluminação pessoal costuma soar pretensioso. Convém lembrar que, para os pais da filosofia ocidental, atingir a iluminação é o principal objetivo do estudo da filosofia. Para Platão, por exemplo, o objetivo do estudo da filosofia é obter conhecimento sobre as verdades mais elevadas. De posse dessas verdades, a pessoa tem o poder de entender a diferença entre a realidade e a simples aparência. Platão acreditava que alguém que se torne capaz de distinguir entre realidade e aparência deixará de viver de forma mentirosa. De modo similar ao platonismo, embora sua visão da realidade seja radicalmente diferente, o existencialismo também propõe a iluminação e um caminho alternativo à caverna profunda e escura da ignorância; um caminho para ver o que de fato existe, em lugar daquilo que apenas parece existir.

2
O que é existencialismo?

Breve panorama e rápido histórico

Não deixa de ser interessante observar que pensar no que significa ser existencialista e se tornar existencialista nos leva de volta ao ponto de partida, ou seja, a pensar no que é o existencialismo. E assim é com a filosofia. Para seguir em frente, geralmente é preciso voltar, sobretudo ao início. Quando começam a pensar sobre determinado assunto com mais profundidade, as pessoas partem de um ponto raso e lamacento, um local obscuro para onde foram levadas por pressupostos sobre os quais pouco refletiram.

A filosofia se ocupa, em grande medida, de jogar fora esses pressupostos e em transformar as águas rasas do pântano no oceano profundo da mente aberta. Nesta altura convém recorrer ao velho filósofo Sócrates, segundo o qual a filosofia é uma prática peculiar porque constrói destruindo, e aquilo que ela destrói são os pressupostos. Seja como for, espero que, ao chegar ao mar aberto, você possa vislumbrar o largo estuário que conduz à verdade. E a verdade consiste no fato de que a vida não é um pântano conceitual, mas um verdadeiro pântano *existencial!* Bem, não há razão para que a verdade seja brilhante, por mais que os poetas o digam.

Portanto, o que é o existencialismo? De forma simples, o existencialismo é um amplo movimento intelectual de origem principalmente europeia, formado por filósofos, psicólogos, romancistas, dramaturgos, artistas plásticos, músicos, cineastas e atores, que se desenvolveu nos séculos XIX e XX e permanece influente até hoje. Com efeito, em sua maioria os filósofos existencialistas são franceses e alemães, mas ao menos um dinamarquês e alguns poucos irlandeses a eles se juntaram de bom grado.

Britânicos e americanos têm evitado o existencialismo por considerá-lo livre demais, carente de rigor filosófico. Eles preferem ficar em casa fumando seu cachimbo, metidos em chinelos confortáveis, dedicando-se a uma boa xícara de chá e àquilo que denominam *filosofia analítica*, que preferem defender não exatamente em oposição ao filosofar europeu, mas como uma alternativa mais sensata, sóbria e comedida de pensar. São pessoas que gostam de martelar interminavelmente sobre lógica e o significado da linguagem – não que os filósofos europeus sejam indiferentes a essas disciplinas –, enquanto se esforçam por elaborar achados sobre o mínimo possível e da maneira mais inóspita que se possa imaginar. Citando Nietzsche – como sempre, o mais citável dos filósofos –, eles definitivamente "preferem um punhado de 'certezas' a uma carrada de belas possibilidades".[4] Além disso, consideram os filósofos europeus, especialmente os mais radicais dentre os existencialistas, como Nietzsche e Sartre, um tanto insólitos e grotescos com suas grandes ideias sobre a vida, o amor, o sexo e a morte – e com seus livros ainda maiores.

Sartre chegou a escrever um livro de 2.801 páginas, em três volumes, denominado *O idiota da família*,[5] sem chegar a terminá-lo! Pretendia escrever um quarto volume, mas ficou cego – não por ter escrito o livro, mas pela pressão alta atribuída à vida de excessos. Soubemos que *O idiota da família* tinha ficado incompleto apenas porque Sartre contou. É claro que ninguém leu as 2.801 páginas, exceto os tradutores.

O movimento existencialista define-se mais exatamente por compartilhar preocupações do que por um conjunto de princípios comuns subscritos por todos os pensadores existencialistas, embora também existam princípios comuns entre vários deles. O existencialismo preocupa-se, principalmente, em fornecer uma descrição coerente da condição humana, uma descrição que reconhece e incorpora plenamente as verdades fundamentais, ou existenciais, relacionadas a essa condição. Em síntese, o existencialismo nos mostra sem conversa fiada como são as coisas para todos nós, neste mundo louco e hostil.

O que é existencialismo?

As verdades fundamentais, ou existenciais, da condição humana, segundo o existencialismo, são as seguintes:

Nenhum de nós é uma entidade fixa, tal como uma pedra ou uma cadeira; somos seres ambíguos e incompletos, em constante processo de transformação e mudança. Todos somos livres, e não há como deixarmos de ser livres. Somos responsáveis por nossos atos, e nossa vida é repleta de desejo, culpa e ansiedade, especialmente a ansiedade de *ser-para-outro*. Ou seja, a ansiedade pelo que as outras pessoas pensam de nós. Tudo isso nos leva a experimentar emoções desagradáveis, como culpa, vergonha e constrangimento. E, como se não bastasse, estamos condenados a morrer desde que chegamos a este mundo sem sentido, no qual Deus é no mínimo impalpável e no máximo inexistente.

Portanto, pode parecer estranho dizer que o existencialismo é sobretudo uma filosofia otimista, antiniilista – mas não estou brincando. Como pode ser? Acontece que o existencialismo delineia o caminho de como viver de maneira honesta e proveitosa, apesar de a existência humana ser, no fim das contas, absurda e sem finalidade. A ideia geral é que não se pode criar uma vida genuinamente honesta e proveitosa com base em um conto de fadas. Deve-se construir a vida compreendendo e aceitando as coisas como elas realmente são, do contrário estaremos sempre nos iludindo, ansiando por coisas impossíveis como a felicidade completa e a realização plena. O existencialismo ensina que, para ser feliz, ou ao menos mais feliz do que hoje, é preciso parar de buscar a felicidade completa, uma vez que isso só pode levar à frustração.

Dentre as pessoas mais infelizes neste mundo estão aquelas que se agarram à falsa crença de que a felicidade completa é possível, de que existe um estado de "felicidade apesar de tudo". Essas pessoas são constantemente magoadas e frustradas, pois jamais conseguem, por exemplo, transformar a vida em uma interminável festa em um jardim florido. Tal paraíso é inalcançável, não só porque o preço de grandes festas está fora do orçamento da maioria das pessoas, mas também porque as festas são efêmeras, e, se durassem muito, poderiam se tornar cansativas. É verdade que meu gato passa boa parte do tempo no ócio e jamais se aborrece, mas ele é um gato, não um ser humano. Ah, ser um gato! Cuidado! Não é autêntico desejar ser algo diferente do que se é, em especial quando de fato é *impossível* ser aquilo que se deseja. Um verdadeiro existencialista nunca *deseja* ser diferente do que é; ele *vai* ao encontro do que almeja, empenhando-se ativamente para transformar a si mesmo.

Muitas pessoas cultivam a ideia tola, inspirada por certos filmes, anúncios e revistas, de que a vida pode ser perfeita. Cultivam a ideia, enfim, de que os outros conquistaram uma vida perfeita. Por isso vivem insatisfeitas ou consideram-se apartadas da vida que lhes parece digna de ser vivida, mas que não vivem, a vida que ninguém tem. Anseiam por uma existência de felicidade perfeita, o que é impossível, ao mesmo tempo que deixam de assumir o controle da vida que de fato têm e de torná-la mais compensadora por meio de ações realistas. Os existencialistas podem ser considerados niilistas porque reconhecem que a vida é absurda e repleta de verdades terríveis e incontornáveis. Mas são também antiniilistas, pois reconhecem que a vida tem um sentido: o sentido que cada um escolhe dar à própria existência. Reconhecem, em suma, que todo ser humano é livre para criar a si mesmo e se realizar, lutando contra as dificuldades da vida. A vida, ou na verdade a morte, vencerá, mas o que importa é a luta, a superação, a jornada.

No ensaio filosófico intitulado *O mito de Sísifo*, o escritor existencialista Albert Camus compara a existência humana à situação da figura mítica de Sísifo, que é condenado a empurrar eternamente uma pedra enorme até o topo de uma montanha para, lá do alto, vê-la rolar de novo até o sopé. Camus pergunta se a vida vale a pena ser vivida, uma vez que é absurda e, sobretudo, fútil, como a condição de Sísifo.

Escolhendo viver, recusando a sempre presente possibilidade do suicídio, a pessoa empresta valor e significado a uma vida que não tem valor nem significado em si. Ao escolher viver em vez de se matar, a pessoa assume a responsabilidade pela própria vida. A avaliação aparentemente pessimista de Camus sobre as verdades existenciais resulta numa conclusão otimista: embora a luta pela vida não tenha uma finalidade principal e termine sempre do mesmo jeito, ainda assim pode-se criar um propósito a partir da luta e do caminho por meio dos quais se desempenha o jogo da vida. Se você acha que esta é uma conclusão muito pessimista, então cabe a você apresentar outra mais otimista, desde que não seja baseada em argumentos falsos, ou seja, em um ingênuo conto de fadas ou em uma lista do que você pretende fazer até o fim da vida.

O cristão Søren Kierkegaard e também os românticos e ateus Arthur Schopenhauer e Friedrich Nietzsche foram os filósofos que, cada um à sua maneira, definiram a pauta do que mais tarde se tornaria conhecido como existencialismo. Os três preocuparam-se com aquilo que chamamos de "verdades da condição humana". As preocupações de Kierkegaard, Schopenhauer e Nietzsche foram retomadas na primeira metade do século XX por Karl Jaspers (pronuncia-se Yaspers), que cunhou o termo "filosofia da existência", e por Martin Heidegger, Jean-Paul Sartre, Simone de Beauvoir, Maurice Merleau-Ponty e Albert Camus. Os quatro últimos desta lista se conheceram e passaram a se encontrar nos cafés da boemia parisiense, onde bebiam vinho barato e fumavam cigarros Gauloises. Heidegger não se encontrava com nenhum deles. E, se tivesse tentado, eles o teriam evitado, não porque Heidegger fosse alemão e mais velho, mas devido ao fato de, infelizmente, ter sido meio nazista. Esse é um fato constrangedor que deve ser levado em conta todas as vezes que o nome de Heidegger vier à tona. Para ser preciso, quando jovem, Heidegger foi membro do Partido Nacional-Socialista Alemão, embora o tenha abandonado em 1934. Essa passagem pelo nacional-socialismo é difícil de conciliar com o fato de Heidegger ter escrito *Ser e tempo*, um dos principais textos do existencialismo. Texto, é claro, no sentido de livro.

Os escritos de Heidegger, Sartre e demais tornaram o existencialismo um ramo distinto da filosofia. As ideias desses filósofos convergem para a formação de um sistema de pensamento bastante coerente. No coração desse sistema está a esplêndida máxima de que "a existência precede a essência". Ela costuma ser atribuída a Sartre, que a usou num pequeno livro, *O existencialismo é um humanismo*, escrito em 1946. Essa máxima incorpora uma visão fundamentalmente oposta à do idealismo, afirmando que nenhuma essência transcendental, divina, abstrata ou metafísica confere realidade e significado às coisas. As coisas existem tal como as cadeiras e as pedras, e nada há além delas a não ser a consciência – que nada mais é do que a consciência *das coisas*. Mais adiante voltarei a abordar essa questão.

Como ser existencialista

Especificamente no que diz respeito às pessoas, a afirmação "a existência precede a essência" traduz a visão de que todas as pessoas primeiro existem sem significado ou intenção, esforçando-se depois para encontrar para si mesma um significado e um propósito. A essência de uma pessoa é não ter essência, a qual deve inventar constantemente. Como costumava dizer Simone de Beauvoir, mulher e por tantos anos parceira intelectual de Sartre: "A natureza do homem é não ter natureza".

Mas, antes que alguém reclame, esclareça-se às feministas que, na frase acima, *homem* tem o significado de homens *e* mulheres, não se restringindo ao gênero masculino. Quem faz objeção ao uso do termo *homem* nesse contexto revela essencialmente ignorância e lamentável pobreza de espírito. Voltando ao tempo em que a sociologia e outras ciências sociais ocupavam-se em inventar a correção política, lembro o argumento um tanto entediante de um sociólogo politicamente bastante correto sobre o emprego dos termos *homem* e *humanidade*. Eu gostava muito de discutir com ele sobre minhas ideias acerca do marxismo antes de transmiti-las aos alunos, que nós dois compartilhávamos naquela época, mas nossas conversas não avançavam justamente por causa do emprego da palavra *homem*.

Mas quem disse que a natureza do homem é não ter natureza foi Simone de Beauvoir, praticamente a inventora do feminismo, ainda que permitisse que Sartre batesse nela de vez em quando! Mas isso é uma mentira, até porque Sartre não era grande o bastante. Tive apenas um súbito e efêmero desejo de evocar o barulhento e altamente lucrativo circo das biografias sensacionalistas e mal pesquisadas de Sartre e Beauvoir; biografias que, na melhor das hipóteses, dizem que eles decepavam galinhas por simples prazer, e, na pior, que colaboraram com os nazistas.

A principal corrente do existencialismo é anti-idealista, antimetafísica e ateísta. Essa corrente considera que a humanidade ocupa um universo indiferente e sem sentido ao ponto do absurdo. Qualquer sentido que venha a ser encontrado neste mundo deve ser estabelecido por cada um de nós, a partir da esfera individual. Quem supõe que esse sentido possa ser encontrado pronto ou acha que existe um propósito final para a existência humana, estabelecido externamente por uma ou mais divindades está se iludindo e se acovardando diante da realidade. É, em resumo, um tolo ignorante que precisa amadurecer e cair na real.

Conforme mencionei, nem todos os pensadores que merecem as credenciais existencialistas endossarão todos esses pontos de vista. O brilhante ficcionista russo Fiódor Dostoiévski, por exemplo, em muitos aspectos claramente um pensador existencialista, não era ateu, assim como o grande dinamarquês Kierkegaard. O existencialismo é uma igreja ampla (embora não propriamente em uma construção gótica), que inclui pensadores religiosos como Paul Tillich, Martin Buber, Karl Barth ou Gabriel Marcel e pensadores ateus como o romancista e dramaturgo Samuel Beckett. Poupo o leitor da pronúncia desses nomes porque eu mesmo não sei como pronunciar todos eles. Seja como for, com a notável exceção de Beckett, eles constituem um grupo bastante obscuro fora dos igualmente obscuros departamentos de teologia das universidades, portanto não é preciso se preocupar com eles.

Bernardo Bertolucci, o cineasta italiano que levou Marlon Brando a fazer coisas indizíveis com uma porção de manteiga em *O último tango em Paris*, explorou muitos temas existencialistas em seus filmes, e o psiquiatra R. D. Laing definiu a psicose e a esquizofrenia em termos existencialistas. Laing escreveu um belo livro sobre essas doenças intitulado *O eu dividido: estudo existencial da sanidade e da loucura*. Eu mesmo me sinto dividido em recomendar tal leitura, uma vez que ao final dela você poderia achar que tem todos os sintomas lá apresentados. Bem, já o fiz! Chegou-se a comentar que Laing escreveu o livro em parte como forma de arrumar mais clientes. Shakespeare, em especial o Shakespeare maduro das grandes tragédias, como *Hamlet*, *Rei Lear* e todas as suas obras mais densas, é um profundo existencialista. Talvez tenha mesmo inventado o existencialismo. Como forma de encarar a condição humana, a condição de mortal, o existencialismo surgiu há muito mais tempo do que o termo que o designa. Sartre, provavelmente o mais famoso dentre todos os existencialistas, de início rejeitou o termo, preferindo "filosofia da existência" ou a impronunciável *ontologia fenomenológica*. Mas, sem nunca se envergonhar da autopromoção, Sartre logo o adotou diante da pressão popular.

Deixei claro, na introdução, que ser existencialista requer certo esforço. Tornar-se existencialista não é para pessoas indecisas ou medrosas,

Como ser existencialista

nem para aqueles que desistem ao primeiro obstáculo. Você certamente já venceu alguns obstáculos para chegar até aqui. Portanto, muito bem. Se considera esse elogio paternalista, como poderiam fazer muitos pretensos existencialistas, eu digo: "Mantenha-se em posição de sentido, soldado, pois temos ainda muito chão a percorrer e nossa carga não é leve". Como dizem os marinheiros e paraquedistas britânicos: "Lembre-se da longa marcha pelas Falkland". Não sendo indeciso nem medroso, você não se assustará se eu disser que, até agora, este capítulo ofereceu apenas uma visão geral sobre o existencialismo; apenas o pano de fundo e um breve histórico sobre o assunto. Precisaremos escavar mais fundo, até o solo rochoso, para descobrir por que o existencialismo defende os argumentos que defende e o que esses argumentos significam de fato. Por que, por exemplo, Simone de Beauvoir afirma que a natureza do homem é não ter natureza e o que significa dizer que a consciência nada é em si mesma?

Apesar do que afirmam os críticos mais severos, que não o compreendem bem, o existencialismo é uma teoria da condição humana bastante coerente, enraizada na melhor tradição da filosofia ocidental. Ele se fundamenta, na verdade, em uma teoria da natureza da consciência humana cujas origens podem ser encontradas no brilhante filósofo alemão Immanuel Kant e em seu sucessor, não menos brilhante e também alemão, George Wilhelm Friedrich Hegel. O existencialismo é, de fato, apenas um ramo, ou um desenvolvimento, da teoria filosófica denominada *fenomenologia*, que remonta a Hegel e, em certa medida, também a Kant. Nenhum filósofo opera no vácuo, e cada um deles deve algo aos predecessores. Assim, quando se procuram as origens da fenomenologia, é impossível reportar-se a Hegel sem se reportar a Kant. E uma grande influência sobre Kant foi o filósofo escocês David Hume, o que nos leva a recuar às brumas do tempo. Com certeza, é possível identificar algumas das ideias características da fenomenologia em Hume.

Seja como for, é a teoria fenomenológica da consciência que serve de base a todas as reflexões do existencialismo sobre tempo, liberdade, relações humanas, má-fé, autenticidade etc. Portanto, não é de surpreender que essa teoria da consciência seja nosso foco. Trata-se de uma teoria profunda e admirável, que, a princípio, poderá parecer cheia de paradoxos absurdos, mas que se torna mais verdadeira quanto mais se pensa nela. Acima de tudo, ela é a chave para a compreensão do existencialismo. De certo modo, essa teoria *é* o existencialismo. Diga à primeira pessoa que lhe perguntar o que é o existencialismo: "O existencialismo é uma teoria da consciência".

Na verdade, o existencialismo pode ser várias outras coisas. Muita gente deve se lembrar dos desenhos, cartazes, emblemas e camisetas com a inscrição "Amar é...", criados nos anos 1960 pela cartunista Kim Grove e que até hoje são correntes. "Amar é compartilhar suas roupas." "Amar é esperar ser amado." Na verdade, esta segunda frase é de Sartre. Ele a escreveu em 1943. Talvez tenha influenciado a famosa série criada por Kim. O existencialismo é um pouco como "Amar é...". Algumas poucas formulações poderiam completar facilmente frases do tipo "O existencialismo é...": "O existencialismo não é para pessoas medrosas". "O existencialismo é pesado." "O existencialismo não é realmente pesado."

Existencialismo e consciência

A mente, ou aquilo que a maioria dos filósofos existencialistas prefere chamar de *consciência*, não é uma coisa. De fato, ela não é *nada*, ou, para ser mais preciso, não é nada em si mesma. Este é um argumento que pode surpreender e, a princípio, parece disparatado, mas começa a fazer sentido quando se acostuma a ele. Sartre estava tão convencido de que a consciência não é nada em si mesma que deu o título de *O ser e o nada* a seu livro mais existencialista – de forma que o nada em questão é a própria consciência. Na verdade, para ser mais preciso, ele intitulou seu maior livro como *L'être et le néant*, que se pode traduzir de modo mais fiel como *Ser e não-ser*, mas *O ser e o nada* é um título tão bem aceito que é improvável que algum editor ouse alterá-lo.

Ao tentar compreender a tese de que a consciência não é nada, ou um não-ser, deve-se começar por aceitar que nem tudo que faz parte deste nosso incrível universo é composto de matéria, de átomos ou seja lá do que as coisas materiais são feitas. Por exemplo, o tempo é uma coisa? Posso medir o tempo com um relógio e até mesmo senti-lo passar de modo mais rápido ou mais lento, porém não posso agarrá-lo ou pará-lo. O tempo é real, porém não é uma coisa. O mesmo se pode dizer a respeito do que comumente se chama de *estados da mente*, como crença, expectativa ou ansiedade.

Os números também desempenham um papel enorme em nossa vida, no entanto não são matéria, ou não são aquilo que os filósofos chamam de *corpóreos*. Uma criança pode segurar na mão um brilhante número 3 de plástico verde, porém não está segurando o "três" em si mesmo; o "três" não é verde, nem de plástico. Seguramente, aquela coisa de plástico verde em sua mãozinha é apenas um símbolo da ideia ou do conceito abstrato do "três" – um pensamento que é o mesmo para todas as criaturas pensantes em qualquer parte do universo, no qual elas simbolizam "três" como "três", ou *trois*, 3 ou ☺ ☺ ☺. O mesmo se pode dizer dos outros símbolos matemáticos, como +, −, = etc. O sinal = não indica uma coisa chamada igualdade ou equivalência, que você possa segurar na mão, mas sim uma *relação* entre duas ou mais coisas...

Não insistirei mais em exemplos de matemática; não quero assustar os leitores que tenham aversão ao tema. Você ficará aliviado ao saber que o existencialismo não tem muito a ver com esse assunto e que ninguém precisa ser bom em matemática para se tornar existencialista. Tudo o que pretendo com esses exemplos é indicar uma vasta área da realidade – o mundo da matemática – que não é material.

Tênis, rebocadores e fitas adesivas são objetos do mundo material, ao passo que o sinal de igualdade indica uma *relação*. Certa vez perguntaram a um filósofo que entidades existiam no mundo. Sua resposta foi: "coisas e relações". A consciência pertence definitivamente à segunda categoria. Ela é uma relação, não uma coisa material. Outro filósofo, a quem fizeram a mesma pergunta, respondeu: "coisas e sujeitos". Ele estudou numa escola particular exclusiva para garotos e provavelmente não conheceu muitas mulheres, mas sua resposta "objetos e sujeitos" toca no ponto primordial de que o mundo contém, de um lado, objetos e, de outro, sujeitos – ou consciências.

Algumas pessoas com inclinação científica, predispostas a simplificar o mundo ao máximo e a reduzir tudo ao comportamento de pequenas partículas físicas, poderão argumentar que a consciência é um estado do cérebro que implica milhões de reações eletroquímicas. Mas é preciso cuidado. Ao argumentar que a consciência nada é em si mesma, que ela é antes uma relação que uma coisa, os existencialistas não estão afirmando que a consciência existe, ou pode existir, sem o cérebro. A consciência deve ser o que os existencialistas chamam de *incorporada*. Mas isso não quer dizer que eles se interessem por temas como consciência flutuante, experiências extracorpóreas, fantasmas e coisas assim. A consciência precisa do cérebro; na verdade, há muitas provas de que, quando se destrói o cérebro, destrói-se também a consciência.

No entanto, isso não equivale a dizer que a consciência é *apenas* atividade cerebral; ou que a consciência pode ser *reduzida* à atividade do cérebro. Quando se vê certa área de neurônios iluminada e ativa em uma tomografia, não se está vendo o pensamento de uma pessoa. Tudo o que se pode ver é que esses neurônios se tornam ativos quando a pessoa pensa, por exemplo, em um bolo de chocolate. Ao se examinar o cérebro de uma pessoa, não se enxerga, por exemplo, pensamentos sobre uma montanha longínqua ou a vontade dessa pessoa de se deslocar para lá – e com certeza não encontrará uma pequena imagem de montanha dentro do seu crânio. Tudo o que se poderá efetivamente enxergar, se for possível ver alguma coisa em meio a todo aquele sangue, é um pedaço dobrado de gordura cinzenta.

Isso porque os desejos, os pensamentos e as expectativas de uma pessoa – embora ela não possa ter nada disso sem um cérebro – não são coisas dentro da sua cabeça! São aspectos de sua *relação* com o mundo. Seu desejo não é exatamente um padrão de descarga de neurônios x, y ou z, mas comer aquele bolo de chocolate. Seus pensamentos estão na montanha. Quando penso em uma montanha, não vejo uma imagem dela dentro do meu cérebro com aquilo que costumamos chamar de "olho da mente"; penso nela e a *projeto* em alguma parte do mundo. Se nutro uma expectativa em relação a montanhas, é porque espero ir até elas. Se a expectativa fosse apenas um estado químico do meu cérebro, eu poderia nutrir essa expectativa sem de fato esperar nada, o que é sem dúvida impossível. "Espero que meu irmão chegue aqui em cinco minutos, embora saiba que ele está do outro lado do mundo neste momento!" Isso não faz sentido, não é? A expectativa tem relação *com* alguma coisa. Desse modo, o desejo é desejo *de* alguma coisa, assim como pensamos *em* alguma coisa, e assim por diante.

Tudo isso para dizer que a consciência não pode ser reduzida a estados cerebrais, que ela nada é em si e que existe em primeiro lugar uma *relação* com o mundo do qual ela é consciente. Os fenomenólogos – o grupo mais amplo de filósofos ao qual se vinculam os existencialistas – sintetizam a questão por meio da máxima "a consciência *é* consciência de __ ". No volumoso *O ser e o nada*, que alguns consideram a bíblia do existencialismo, Sartre afirma: "Dizer que a consciência é consciência de alguma coisa significa que para a consciência não existe ser fora da precisa obrigação de ser uma reveladora intuição de alguma coisa".[6] A definição segundo a qual a consciência é consciência de __ é conhecida como teoria da *intencionalidade*.

A teoria da intencionalidade foi criada primeiro pelo psicólogo alemão Franz Brentano e depois desenvolvida por outro alemão, Edmund Husserl. A fenomenologia é como um hotel mediterrâneo cheio de alemães, embora Brentano e Husserl tenham passado o tempo no quarto, escrevendo, e não à beira da piscina, enrolados em toalhas, tomando sol em espreguiçadeiras. Husserl não foi bem um existencialista, mas suas ideias sobre a consciência exerceram grande influência sobre os dois maiores dentre todos os existencialistas, Heidegger e Sartre. É lícito atribuir a Husserl a maior influência individual sobre Sartre. Quando jovem, Sartre passou vários meses de 1933 na Alemanha, estudando a filosofia de Husserl, e em 1937 chegou a publicar o livro *La Transcendance de l'ego* [A transcendência do ego], dedicado à análise das ideias desse filósofo sobre a mente. A teoria da intencionalidade afirma que a consciência é *intencional*; ela sempre *tenciona* algo, sempre se dirige a alguma coisa, é sempre *sobre* alguma coisa. Certos filósofos modernos chegam a se referir à intencionalidade da consciência como o *ser sobre* a consciência. Exatamente como o reflexo num espelho nada é além daquilo que reflete, ou nada é em si mesmo, assim a consciência nada é além daquilo sobre o qual é, e sobre o que é dirigida.

A teoria da intencionalidade implica que, uma vez que a consciência sempre é consciência de alguma coisa, e nada além disso, qualquer tentativa de investigá-la sempre leva imediatamente à investigação daquilo de que se é consciente. Os fenomenólogos, inclusive os existencialistas, procuram compreender a consciência pela investigação do modo pelo qual os diferentes *fenômenos*, os diferentes *objetos intencionais*, são percebidos pela consciência. Um objeto intencional é tudo aquilo a que a consciência se refere, seja percebido, imaginado, criado ou sentido.

O amor, por exemplo, é um objeto intencional, um conjunto de aparências da consciência. O amor de David por Victoria não existe como tal, mas é um objeto intencional (nesse caso, um objeto psíquico intencional), aí incluídos a felicidade de David quando vê Victoria, o desejo que experimenta quando pensa nela, as coisas boas que diz sobre ela, sua vontade ou intenção de ajudá-la e protegê-la, e assim por diante. Esse conjunto não é a manifestação de um amor subjacente, ele é o amor. Não existe amor em si, apenas as várias aparências que descrevemos como o amor de David por Victoria.

Um objeto físico é também um objeto intencional, um conjunto de *aparências* da consciência. Por exemplo, de longe, uma caneta parece pequena. De perto, parece grande. Quando a viramos, diferentes ângulos aparecem e desaparecem. Sua forma aparece de diferentes maneiras à medida que mudamos sua posição, e sua cor se altera com a luz. Ela emite som quando lançada sobre uma escrivaninha. As mesmas coisas que se disse sobre a caneta podem ser ditas sobre o amor. Não existe uma caneta além das várias aparências que descrevemos como uma caneta. Desse modo, segundo Brentano, Husserl e seus muitos seguidores fenomenólogos, as coisas de fato são apenas conjuntos de aparências. As coisas devem ser *reduzidas* à sua aparência para serem compreendidas corretamente.

A conclusão surpreendente a que se pode chegar a partir disso tudo é que os fenômenos, todas as diferentes coisas físicas e não físicas que compõem o mundo, constituem conjuntos de aparências para a *consciência*.

É importante considerar a posição de Sartre sobre o assunto. A esse respeito, Sartre por vezes parece querer resistir à conclusão surpreendente concernente às aparências, sustentando que, embora elas apareçam para nós, existem tal qual aparecem para nós independentemente de nós. Uma caneca, por exemplo, é um conjunto de aparências, mas continua sendo uma caneca independentemente do fato de ser vista, tocada ou utilizada. Com mais frequência, contudo, Sartre é menos realista, insistindo que as aparências devem aparecer para alguém para que tenham realidade enquanto tal. Como ele diz logo no início de *O ser e o nada*, "o fenômeno permanece relativo, pois 'aparecer' pressupõe alguém a quem aparecer".⁷ Em resumo, as canecas só existem como tal quando aparecem para alguém.

Quando Sartre argumenta desse modo, ele lembra um *idealista transcendental* ao estilo do grande filósofo alemão Immanuel Kant. Kant é para a filosofia o que Roma é para a geografia – todos os caminhos levam a ele, mais cedo ou mais tarde. Em várias passagens de seus escritos, Sartre sustenta que, quando a consciência não está em cena, existe apenas o que ele denomina *ser indiferenciado*. Esse ser indiferenciado apenas *é*, e isso é realmente tudo que se pode dizer sobre ele. Ele não tem propriedades, nem características. Trata-se de algo mais meigo que o horário vespertino da TV. Nem sequer tem passado ou futuro. Os filósofos muitas vezes discutem se a queda de uma árvore faz ruído quando não há ninguém por perto para ouvir. Bem, se existe apenas um ser indiferenciado quando não há consciência, então quando não há consciência por perto não pode haver sequer uma árvore em particular que possa cair e fazer barulho. Então, não existe nada em particular!

Sartre argumenta que o ser indiferenciado é diferenciado e dividido em diferentes fenômenos pela consciência. A consciência, diz ele, é um nada, ou uma negação, que coloca negações particulares, negatividades, faltas e ausências ao ser indiferenciado, que, por assim dizer, as reparte em fenômenos particulares – isto não é aquilo, isto é externo àquilo, aqui e não ali, então como não agora, e assim por diante. No excelente e bastante útil *Using Sartre* [Como usar Sartre], o professor Gregory McCulloch, de quem fui aluno em tempos remotos, sintetiza da seguinte maneira a posição do filósofo: "Sartre parece comprometido com o ponto de vista segundo o qual o mundo não consciente é em si uma "abundância", ou "plenitude", uma massa indiferenciada como um mingau, que é transformada por nós no mundo conhecido".⁸ Bem colocado, professor, mas, comparada com o ser indiferenciado de Sartre, essa papa é positivamente rica em propriedades... em aparências.

Isso é mesmo radical, se não complicado, mas o ponto-chave a reter é que Sartre, como Kant, está dizendo que o mundo dos fenômenos que percebemos é uma *síntese* do que está "lá fora" e da atividade da consciência sobre o que está "lá fora". Não somos meros observadores passivos do mundo. O mundo que conhecemos é um produto da *relação* íntima entre consciência e ser. Nas palavras do filósofo grego Protágoras, "o homem é a medida de todas as coisas".

Talvez você esteja pensando que acabamos por nos desviar demais do assunto com essa especulação filosófica obscura, despropositada e pretensiosa. E talvez comece a se perguntar o que todo esse rodeio tem a ver com a proposta principal deste livro, que é como tornar-se existencialista. Bem, em primeiro lugar, para ser existencialista é preciso saber do que trata o existencialismo, e nossa pequena digressão mostra exatamente como o existencialismo trata o tema da consciência. Porém, além de mostrar que não somos meros observadores passivos do mundo, que somos a medida de todas as coisas etc., Sartre e outros filósofos mostram que o mundo, nosso mundo, é objeto constante de nossa interpretação. Nós sempre encontramos um mundo caracterizado e definido por motivos, intenções e atitudes que escolhemos ter e por avaliações que escolhemos fazer. Isso não significa que o mundo seja como desejamos, mas que, de forma bastante concreta, ele é, para cada pessoa, o produto de suas próprias atitudes. Essa percepção é, ou deveria ser, imensamente enriquecedora. E o enriquecimento pessoal está exatamente no topo da agenda existencialista.

Havia na TV uma propaganda de carro que dizia: "Confiança é tudo". Esse é o tipo de clichê que se vê nos locais de trabalho, em cartazes motivacionais que pretendem inspirar os funcionários a acumular funções ou produzir mais. Você sabe, aqueles cartazes que mostram uma equipe de cabo de guerra com a inscrição "TRABALHO DE EQUIPE", ou um salmão subindo o rio com a palavra "PERSEVERANÇA", ou George W. Bush dizendo: "Você não precisa ser o primeiro da classe para ser o primeiro da turma". A imagem para a frase "CONFIANÇA É TUDO" bem poderia ser a de um equilibrista, já que ele precisa pensar positivamente e permanecer confiante para não cair. Quem escolhe adotar uma postura positiva e confiante, ou pelo menos tenta de verdade ser assim, encontra um mundo muito diferente daquele que opta por ser tímido e negativo.

Segundo Sartre e outros filósofos existencialistas, o *ser diferenciado*, o variado mundo de fenômenos que todos nós habitamos, fundamenta-se na consciência, ou ao menos nas negações, nas faltas e nas ausências que a consciência coloca ao ser. Em outras palavras, os fenômenos não se baseiam ou se fundamentam no ser, mas em faltas ou privações particulares do ser. Privações particulares do ser ocorrem quando, por exemplo, ele é questionado. A relação da consciência com o mundo caracteriza-se em grande medida por uma atitude questionadora; não propriamente a capacidade de julgar que falta algo, mas a constante expectativa da descoberta de uma falta, ou do não-ser. Por exemplo, se vou verificar se o bolo que preparo já está assado, é porque considero possível que ainda *não* esteja assado. Mesmo supondo que existam bolos independentemente da percepção que tenho deles, um bolo apenas pode estar "não assado" para uma consciência que observa o bolo na condição de ainda não ser o que será no futuro. O bolo não carece ser assado para si, carece ser assado para uma consciência que nutre desejos e expectativas em relação a ele.

O seguinte exemplo sobre uma bolota e um carvalho ajuda a esclarecer o que os existencialistas entendem por falta: em si mesma, a uma bolota não falta nada, ela é simplesmente o que é. A fim de compreendê-la como um carvalho em potencial, ela deve ser considerada como o carvalho que neste exato momento falta nela. O *significado* da bolota fundamenta-se no não-ser do carvalho enquanto aquilo que no atual momento falta a ela. A bolota em si não carece do carvalho. À bolota falta o carvalho apenas para uma consciência capaz de enxergar adiante no tempo, o não-ser do carvalho. Para a consciência, é o não-ser do carvalho que dá à bolota seu significado. Para a consciência, a bolota existe como o não-ser do carvalho. Como fenômeno significativo, a bolota é compreendida como o que é em virtude daquilo que lhe falta.

A consciência constantemente introduz não-ser, negação, negatividade, falta, ausência no mundo, a fim de entendê-lo e de atuar nele com propósito. Em termos técnicos, é possível dizer que os fenômenos se fundamentam não sobre o ser, mas sobre o não-ser; eles surgem à consciência quando ela interpõe negações particulares ao ser indiferenciado, assim dando origem ao ser diferenciado.

Em termos mais práticos, pode-se dizer que uma situação é sempre compreendida não em termos daquilo que é, mas em termos do que falta à pessoa encontrar nela. Em si mesma, uma situação é uma plenitude de ser, não lhe falta nada, mas em si mesma ela é precisamente uma não situação, pois, para ser uma situação, deve ser uma situação *para* alguém, a situação *de* alguém. As carências que fazem dela uma situação, que lhe dão possibilidades futuras e assim por diante, lhe são dadas pela pessoa para quem ela é uma situação.

Uma pessoa interpreta toda e qualquer situação de acordo com seus desejos, esperanças, expectativas e intenções. Toda situação com que uma pessoa se depara é compreendida como presentemente carente de alguma coisa desejada, esperada, tencionada ou antecipada. Conforme foi dito, à situação em si não falta nada; ela carece de algo apenas para a pessoa para a qual ela é uma situação. Falta à situação o que me falta. Se um dos pneus do meu carro está murcho, é a mim, e não ao carro em si, que faltam bons pneus. Mais diretamente: falta aos *meus objetivos* um carro que funcione direito.

A consciência está sempre predisposta a achar alguma coisa que falta porque a falta é intrínseca ao significado de todas as situações com que se depara cada consciência. Essa é a razão pela qual, segundo os filósofos existencialistas, uma consciência, uma pessoa, jamais está completamente satisfeita. Uma pessoa sempre interpreta uma situação segundo aquilo que lhe falta. Se ela está cozinhando, falta à refeição ser cozida. Se está comendo, falta à refeição ser comida. Se está no meio de um filme, falta o fim do filme. Se o filme é ruim e o final não lhe interessa, falta interesse à sua situação. Se está cansada, falta-lhe sono (cansaço é falta de sono). Se acabou de acordar e está pronta para as tarefas do dia, faltam-lhe as coisas que ela terá de realizar nesse dia, e assim por diante.

Em geral, falta à pessoa o futuro pelo qual ela espera constantemente, o futuro que dá sentido a suas ações presentes e que ela espera em vão que venha a se concretizar. Sempre em frente, a marcha interminável do tempo, em direção a um futuro que no presente é falta, um futuro ausente que se tornará passado tão logo se concretize, um passado com seu próprio futuro ausente. Parece que a marcha interminável do tempo sempre nos engana quanto ao que somos, impedindo-nos de nos tornarmos inteiros, mas na verdade *somos* a marcha sem fim, criaturas que nunca estarão completas.

Talvez esta seja a mais dura dentre todas as verdades existenciais da condição humana. Sempre sentiremos alguma falta, algum tédio, alguma insatisfação. Estaremos sempre esperando que algum problema atual se torne passado, estaremos sempre procurando por uma satisfação futura, até que a morte seja a única satisfação, a única possibilidade. Isso não é mau, é apenas assim que as coisas são; portanto, seria um equívoco deprimir-se por esse motivo, embora muitas pessoas caiam em depressão. Um verdadeiro existencialista não se deprime com isso. Ele diz: "Bem, é assim que é. Deixa para lá, vou tirar o melhor proveito da minha vida, minha viagem inexorável para parte alguma, *minha liberdade*".

Intimamente ligado ao fenômeno da falta existencial está o fenômeno da *ausência existencial*. Sartre, que sempre oferece os melhores exemplos, descreve a experiência da descoberta de que seu amigo Pierre está ausente do café onde tinham combinado um encontro.[9] "Quando entrei no café à procura de Pierre, formou-se uma organização sintética de todos os objetos do café, em cujo piso Pierre estava prestes a aparecer."[10] Na condição da pessoa que Sartre esperava encontrar, Pierre estava existencialmente ausente. A ausência existencial é distinta da ausência abstrata e puramente *formal* que seja um mero pensamento. "Wellington não está neste café, Paul Valéry também não está mais aqui etc."[11]

A diferença entre a ausência existencial e a ausência formal salienta que o não-ser não surge simplesmente dos julgamentos feitos pela consciência após deparar-se com o mundo, mas que o não-ser pertence à própria natureza do mundo tal como é para a consciência. A ausência de Pierre no café, ao contrário da ausência da rainha Vitória, não é apenas um pensamento. Sua ausência é de fato um acontecimento que caracteriza o café como o lugar do qual Pierre está ausente. Pense nisso na próxima vez que estiver em um café à espera de um amigo. Aproveite para divagar sobre as razões pelas quais os existencialistas sempre acabam em um café.

O mundo inteiro de uma pessoa pode ser negativo; pode não ser a presença desejada. A aflição da falta de alguém ou de alguma coisa está arraigada na negação do mundo. Por exemplo, a angústia de abandonar psicologicamente uma droga não reside tanto na perda do prazer que ela proporcionava, mas na redução de todo o mundo a um lugar maçante, que não tem mais outro significado ou valor além da perpétua afirmação da ausência daquela droga. Nada interessa a um viciado em recuperação a não ser a ausência da droga. Mesmo as coisas que não estão diretamente associadas à droga lembram ao viciado sua ausência, simplesmente porque elas não são a droga. O mundo todo do adicto fica reduzido ao não-ser da heroína, do álcool, da nicotina, do café, do chocolate, do salto de paraquedas, dos jogos on-line, ou seja lá qual for a droga.

Temporalidade

O tempo e a temporalidade estavam no fundo de tudo o que discutimos até aqui, mas será útil observar mais de perto o que fenomenólogos e existencialistas disseram sobre a temporalidade de modo a compreendê-la melhor, uma vez que o tempo e a assim chamada *temporalidade da consciência* são a chave para a compreensão de toda a filosofia existencialista sobre a vida, o universo e tudo mais.

Quando alguém respira fundo e aceita o desafio de ler *O ser e o nada*, de Sartre – o equivalente filosófico a cruzar a nado o canal da Mancha –, depara-se com o seguinte paradoxo, que emerge de várias formas: *o ser da consciência é não ser o que é e ser o que não é*. Nas palavras dele: "[...] a realidade humana é constituída como um ser que é o que não é e que não é o que é".[12] Muitos, inclusive filósofos experientes, ficam tão chocados com esse paradoxo, essa aparente viagem na maionese, que atiram o livro longe e não o abrem nunca mais, perdendo assim extraordinários *insights*. Decerto, esse paradoxo parece absurdo à primeira vista, como acontece com todos os paradoxos. Como uma coisa pode ser o que não é e não ser o que é?

Bem, já vimos que a consciência não é nada em si, que ela existe não como uma coisa, mas como uma relação com o mundo. Desse modo, já nos ocupamos com a ideia de a consciência existir enquanto relação com algo que não é; de ela ser dependente de algo que não é. No entanto, o melhor caminho para compreender plenamente o sentido e o significado do paradoxo da consciência é pensá-lo em termos da incessante passagem do tempo, algo com o qual estamos bem familiarizados.

A consciência não está *no* tempo, como um objeto que envelhece a cada dia que passa; ela é, como dizem os existencialistas, *essencialmente temporalizada*. Ou seja, ela é sempre o passado que já não é e o futuro que ainda não é. Ela está sempre se movendo do passado para o futuro, de tal maneira que o presente não existe. A consciência não salta de um momento presente a outro. Para a consciência, o presente é apenas sua *presença* no mundo como um ser em constante progressão no tempo. Os existencialistas referem-se a esse movimento constante da consciência como *transcendência temporal*, *superação temporal* ou *fuga temporal*. A consciência constantemente transcende, supera e foge do que é – do que *foi* – em direção ao futuro que busca. Eis aqui outra vez o paradoxo sartriano da consciência, com o acréscimo da questão temporal, e talvez desta vez ele faça mais sentido. *O ser da consciência é não ser o que é (seu passado) e ser o que não é (seu futuro)*. "No presente ela não é o que é (passado) e é o que não é (futuro)."[13]

As três dimensões do tempo que nos são tão familiares – passado, presente e futuro – não são de fato isoladas. Cada uma tem sentido apenas em relação às demais. O que agora é o passado de uma pessoa foi o futuro pelo qual ela esperava. Na sexta-feira, o sábado que planejo é *não-ainda*. Quando chego em casa depois de um evento, ele imediatamente se torna *não-mais*. O não-ainda se torna não-mais de maneira tão consistente que Sartre insiste que é mais correto referir-se ao passado como *passado-futuro*. O que agora é meu passado foi antes meu futuro. Da mesma forma, quando *passar*, meu futuro se tornará parte do meu passado, sendo por isso mais correto chamá-lo de *futuro-passado*.

Quanto ao presente, já vimos que ele não é um momento fixo – não existem momentos fixos para a consciência. O presente é apenas a presença da consciência para o mundo como um ser que constantemente transcende o passado em direção ao futuro. Dito de outro modo, a consciência nunca está no presente, ela apenas está presente (tem presença) como um ser em incessante movimento rumo ao futuro. Como um objeto em movimento, a consciência nunca está *lá* ou *ali*. Pensar que a consciência possa ser fixada no instante é supor que o tempo possa ser congelado. Constantemente, a consciência não está mais onde estava e não está ainda onde estará.

O que os fenomenólogos e os filósofos existencialistas alegam de forma perturbadora é que o tempo não existe fora da consciência. É a consciência que traz o tempo para o mundo, é ela que temporaliza o mundo. Quando uma xícara se quebra, resta a mesma quantidade de material que existia antes, mas a xícara não existe mais. Nem os próprios cacos lembram que *havia* uma xícara; só a consciência pode fazê-lo. A xícara passada só existe para a consciência; seus cacos têm um passado enquanto xícara apenas para a consciência. Se uma coisa *foi* algo apenas para a consciência, então apenas para a consciência ela tem passado, apenas para a consciência ela pode, verdadeiramente, ser destruída. O mesmo pode ser dito sobre o futuro. O fogo não sabe que seu futuro é queimar até se tornar um monte de cinzas; só a consciência pode saber que o futuro da chama é virar um amontoado de cinzas, o que é o mesmo que dizer que o futuro do fogo enquanto monte de cinzas existe apenas para a consciência.

Lógico que argumentar que não existe tempo fora da consciência não é necessariamente sustentar que fora da consciência não existem processos de transformação no mundo; que sem a consciência nada entra ou sai da existência, cresce ou queima. Trata-se apenas de sustentar que fora da consciência não há percepção dos processos de transformação, crescimento, decadência, destruição; e tampouco a noção de um passado ou de um futuro para um presente em particular.

Voltemos ao exemplo da bolota e do carvalho – a bolota ainda não cresceu muito desde que falamos dela. Como é em si mesma independentemente de alguém ter consciência dela, a bolota está em processo de se tornar um carvalho. Mas não *almeja* tornar-se carvalho. A menos que eu esteja muito enganado e que as coisas que acontecem nos contos de fadas sejam verdade, a pequena bolota não vive oculta na terra dizendo para si mesma: "Vamos lá, esforce-se, pequena bolota, preciso crescer até me tornar um enorme carvalho, como minha velha mãe". Ela não se projeta em um objetivo futuro, não tem *intenção futurizante* pela qual possa reconhecer que no presente lhe falta tornar-se carvalho. Como tornar-se carvalho não é um *projeto* da bolota, e definitivamente não é um projeto consciente, é correto dizer que a bolota não tem futuro. Ela tem futuro tão somente para a consciência que compreende que uma bolota não é ainda um carvalho, mas será um carvalho no futuro.

Se o argumento de que não há tempo fora da consciência for assim compreendido, então ele deixa de soar absurdo, como talvez ocorresse à primeira vista. Compreendido dessa maneira, dizer que não há tempo fora da consciência não equivale a dizer que nada acontece fora da consciência. Antes, equivale a dizer que fora da consciência o mundo em si não se caracteriza por não-mais e não-ainda.

Toda essa conversa sobre o tempo descreve como é a existência para cada pessoa neste mundo, a dificuldade da inescapável condição humana. A discussão revela também por que as pessoas sempre se sentem um pouco insatisfeitas; ou por que sentem que sempre lhes falta alguma coisa. Algo *está* sempre faltando, isto é, o futuro. O futuro nunca nos satisfaz ou preenche completamente porque, tão logo concretizamos nossas intenções, elas imediatamente se tornam parte de passado, tornam-se um passado-futuro sobre o qual precisamos outra vez nos lançar em direção a um novo futuro, a um novo futuro-passado.

O existencialismo afirma que é fundamental para o que somos desejar coincidir com nós mesmos, *ser* o que somos, em vez de sempre nos esforçarmos para sê-lo ou para alcançar um futuro estado de completude no qual nada mais nos falte. Jamais alcançaremos esse estado sublime de satisfação, porque nunca chegaremos ao futuro. Amanhã todos os bares servirão cerveja grátis, mas até mesmo quem tem pouca preocupação filosófica sabe que o amanhã nunca chegará. Ao que eu acrescentaria também o ontem, que é apenas lembrança, ainda que suas consequências possam nos assombrar.

Tudo isso é motivo para lamento ou desespero? Bem, não deve ser, ao menos segundo o existencialismo. Para o existencialismo, trata-se apenas da maneira como as coisas são, e esse é o preço a pagar para existir enquanto ser verdadeiramente consciente. Afinal de contas, não se pode ser consciente sem temporalizar-se, sem colidir com o tempo, como um caminhão sem freio. A consciência só é concebível de forma temporal. De fato, como tenho procurado mais do que sugerir, tempo e consciência são quase a mesma coisa.

O existencialismo recomenda aceitar corajosamente que a vida é assim e a tirar o melhor proveito dela. Recomenda, enfim, que a vida seja construída sobre a base das verdades duras e difíceis, longe das areias movediças das ilusões suaves e cômodas. Ironicamente, sugere também que as pessoas poderão ser de fato mais felizes e relativamente mais satisfeitas se aceitarem que o incessante movimento da consciência em direção ao futuro implica que é alienante para a condição humana alguém estar completamente satisfeito e contente, por qualquer período de tempo. Se aceitarem e seguirem essa verdade da condição humana, as pessoas deixarão de suspirar pela satisfação completa e pela felicidade total, ou pelo menos estarão muito menos sujeitas a decepções e muito mais tranquilas e filosóficas quando constatarem que a satisfação completa e a felicidade total não podem ser atingidas. O existencialismo oferece satisfação de natureza estoica, mediante a aceitação da inevitabilidade de certa dose de insatisfação.

A consequência mais importante da teoria de que a consciência é essencialmente temporal concerne à liberdade. Por ser essencialmente temporal, ela é essencialmente livre. Abordarei em detalhe as razões pelas quais isso acontece mais adiante, ao discutir a questão da liberdade e da responsabilidade, mas o ponto-chave a ter em mente, por enquanto, é que somos livres exatamente porque não estamos fixos no presente. Apenas um ser temporal pode ser livre, porque ser livre é ter possibilidades e alternativas genuínas *no futuro*. Somos nossas possibilidades futuras, e nossa liberdade consiste em ser livre no futuro. Voltarei ao assunto mais tarde.

Agora precisamos examinar outra verdade existencial perene da condição humana: a existência das outras pessoas. Mais precisamente, devemos investigar o que Simone de Beauvoir, Sartre e outros filósofos existencialistas chamam de *ser-para-outro*.

Ser-para-outro

Cada um de nós é o que Sartre e seu grupo chamam de ser-para-si. Não somos apenas conscientes do mundo, mas conscientes de nós mesmos como conscientes do mundo. A autoconsciência constitui uma característica definidora do ser humano. Apenas os macacos, os golfinhos e os polvos apresentam algo parecido. Cada pessoa é um ser para si mesma. Mesmo iludida a respeito de si, uma pessoa sente que se conhece, que é a medida de si mesma, o juiz e o júri de seus pensamentos e de suas ações. Ela sente que é livre, criando a si mesma a cada momento por meio das coisas que escolhe fazer e dos caminhos que decide trilhar. Ela transcende o mundo de modo quase divino, e é como se o mundo estivesse aí apenas para ela, seu playground. Como você já deve ter adivinhado, o ser-para-si é apenas metade da questão.

Raramente as pessoas estão de fato sozinhas, sobretudo nestes tempos em que o crescimento populacional continua fora de controle e praticamente todos os lugares estão lotados. Cada pessoa confronta constantemente a existência de outras pessoas, não simplesmente enquanto *objetos* de seu mundo, mas como *sujeitos* que a veem, julgam e reduzem a um objeto no mundo delas. Ser um objeto no mundo de outro, *ser para o outro*, *estar* em risco de ser depreciado pelo outro, esse é o sentido de *ser-para-outro*.

"O outro", por sinal, é um termo existencialista sofisticado para designar outra pessoa, particularmente alguém que me olha, me vê e tem opiniões sobre mim que me colocam em meu lugar. Como você já deve estar pensando, a expressão "o outro" é um tanto pretensiosa. Ninguém volta do centro da cidade dizendo: "Oi, meu bem, tive muitos encontros com *o outro* quando fui às compras". Porém, para ser justo, a expressão torna mais fácil explicar os vários aspectos do fenômeno de ser-para-outro e a complexa interação entre objetividade e subjetividade que ocorre quando essa pessoa encontra aquela pessoa na loja, no estacionamento, nas montanhas ou onde quer que seja.

Para ter uma ideia melhor do que é o ser-para-outro – e toda a questão de sujeito e objeto que emerge quando o outro aparece em cena –, vale a pena considerar o exemplo a seguir.

Um homem chamado John passeia sozinho por uma floresta no meio de um lindo vale através do qual corre um riacho. Ele sorve o ar puro e desfruta o esplêndido cenário, sentindo que é dono de tudo quanto observa. Ele é como um sujeito quase divino, presidindo sobre montanhas, rochedos, rios e lagos, sobre todas as árvores, flores e relvados. John sente que é o centro do mundo, que tudo foi providenciado apenas para ele, que tudo existe segundo seu ponto de vista. Rodeando uma grande pedra que se interpõe diante dele, John de repente se dá conta de que um estranho caminha à distância no vale, vindo em sua direção. Com grande desapontamento e irritação, John percebe que se trata do temido outro. Muito embora o outro não o tenha visto ainda, a presença dele afeta imediatamente a situação de John. A aparição do outro significa a desintegração do mundo sob o ponto de vista de John. Toda a situação, que John avaliava e julgava como bem queria, conta agora com uma nova fonte de juízos e valores, uma fonte que não é sua e que lhe escapa. John era o centro do mundo, mas agora o outro o descentralizou. O mundo terá de ser reorientado na direção do outro, com significados desconhecidos para John.

O outro, como diz Sartre de modo tão lisonjeiro, é um *ralo* por onde escorre o mundo de John. A simples aparição do outro impede que John atue como Deus. Ele deixa de ser o centro e o único juiz de tudo o que observa, uma vez que uma fonte de reavaliação surge em cena para levar embora o mundo que lhe pertencia, aquele mundo que parecia ter uma transcendência esplêndida e divina. Um ermo onde uma pessoa que desfruta plena solidão encontra outra pessoa pode parecer mais habitado que uma rua movimentada.

O outro não viu John ainda. Embora ele represente um ralo no mundo de John, uma grande ameaça à sua situação, ele ainda é um objeto no mundo de John. Mas o outro vai subindo o vale, e é apenas uma questão de tempo para que John seja visto por ele e se torne um objeto em seu mundo. O outro se aproxima, e logo John vê que ele o viu. Ao perceber que foi visto, John se torna incomodamente consciente de si mesmo como um objeto, bem como das roupas que está usando e da maneira como as está usando, do modo como anda e da expressão do próprio rosto. Enquanto o outro se aproxima, John espanta as moscas, dá um sorriso amarelo e se prepara para dizer um alô sem graça e minimamente hostil, acompanhado de um comentário banal sobre o tempo, como acontece com estranhos que se cruzam no meio do nada. O outro, que também pode ser chamado de John, faz o mesmo.

John se sente aliviado quando passa, enfim, pelo outro, e menos incomodado ao dar conta de si como um objeto. Liberto do olhar possessivo do outro, ele começa a relaxar e a retomar o ermo. Logo o outro dará a volta na grande pedra e desaparecerá, e o mundo novamente se tornará o reino de John.

Mesmo quando alguém está fisicamente só, a quilômetros de distância de centros comerciais, de qualquer lugar e de qualquer pessoa, provavelmente haverá outras pessoas em seu pensamento. Mesmo que, ao contrário da maioria de nós, essa pessoa não seja particularmente paranoica, ela poderá ser importunada pelos julgamentos reais e imaginários dos outros, tornando-se incapaz de parar de pensar no que os outros pensam dela, nas coisas rudes que disse em determinada reunião ou nas idiotices que fez em uma festa da empresa. Em seu constrangimento, a pessoa não para de pensar que o outro de certo modo se apossou de uma parte dela, capturou-a, levou a melhor. O outro a transforma em algo que ela sente que não é, ou que não quer reconhecer e pelo qual não quer se responsabilizar. Contra seu desejo, em oposição à sua liberdade e à sua alegre transcendência, outras pessoas a forçam a *ser* o que é para elas, em vez daquilo que de fato é.

O ser-para-outro é tema central de todos os livros de ficção de Sartre, principalmente do romance *A idade da razão*. A maioria dos personagens dessa obra sofre, em maior ou menor medida, da sensação de ser escravo da opinião dos outros. O protagonista, o cínico professor de filosofia Mathieu Delarue, sente-se escravizado pela opinião da namorada, Marcelle, quando ele deixa a casa dela depois de saber que ela está grávida de um filho seu.

> Ele parou, petrificado: não era verdade, não estava sozinho. Marcelle não o deixara ir: ela pensava nele, e eis o que pensava: "Cachorro imundo, ele me decepcionou". Seria inútil sair pela rua escura e deserta, anônimo, oculto em suas roupas. Não podia lhe escapar.[14]

Assim, cada um de nós experimenta seu ser-para-outro com vergonha, constrangimento e humilhação, embora algumas vezes também com orgulho. Como os antiquários, os filósofos existencialistas são um pouco lentos em admitir que há um lado superior em ser-para-outro. Vergonha, constrangimento, humilhação, orgulho, dignidade são alguns dos aspectos que fazem uma pessoa realmente única. Eles são essencialmente aspectos *relacionados com o outro*. Eles estão em mim, mas também existem além de mim, para o outro. Embora exista também aquilo que Sartre chamou de "a prática religiosa da vergonha",[15] sentir-se envergonhado perante Deus ou perante o olhar que tudo vê de alguma avó já falecida é uma forma derivativa da vergonha. A vergonha é essencialmente vergonha diante de alguém. Ninguém se sente envergonhado ou orgulhoso quando está totalmente só.

Uma pessoa é seu ser-para-outro – sua vergonha, seu orgulho –, mas o é por fora, para o outro. O outro possui parte do que uma pessoa é, e é livre para julgá-la; livre para admirá-la, respeitá-la ou desprezá-la. O fato de ter aspectos seus que pertencem a outros, aspectos pelos quais continua responsável, constitui uma situação desconfortável. Uma solução para o comportamento da maioria das pessoas é procurar influenciar seu ser-para-outro, ou mesmo obter controle completo sobre ele. Em geral, as pessoas desejam impressionar e certamente vão longe para encorajar os outros a amá-las, respeitá-las ou temê-las. Falam em sentir-se bem consigo mesmas e em definir objetivos *pessoais*, mas efetivamente estão todas clamando: "Olhem para mim, sou tão belo, inteligente, legal! Eu existo, eu existo. Ainda que eu não seja melhor que você, sou tão bom quanto você, à minha maneira". Quem dispõe de habilidade e determinação faz isso conquistando medalhas de outro nas Olimpíadas ou se qualificando na vida acadêmica. Outros praticam malabarismo, fazem tatuagens ou cantam pneu nos semáforos. Como muitos grandes filósofos e líderes religiosos observaram ao longo dos séculos, "tudo é vaidade".

Se não fosse assim, por que o bilionário Richard Branson, por exemplo, simplesmente não voa com seus balões pelo mundo sem tanto estardalhaço? Afinal, ele não precisa do dinheiro que a publicidade traz. Por que tamanha autopromoção? E, sendo realmente cínico, a vaidade tem muito a ver com a atual obsessão em fazer toda sorte de acrobacias em nome da caridade. A caridade dá às pessoas a oportunidade de mostrar e divulgar seus feitos, em geral a habilidade de disputar uma maratona fantasiadas de galinha ou de Homer Simpson, enquanto se escondem por trás de um véu de falsa modéstia e de uma pretensa filantropia.

Sou obrigado, aqui, a questionar meus próprios motivos para escrever este livro. Certo, quero desempenhar uma espécie de dever intelectual ao explicar a você como ser existencialista, mas faço isso apenas para alardear minha capacidade de escrever mais um livro – que você possa divulgar entre as pessoas que conhece – e, ao fazê-lo, triunfar sobre aqueles que não escreveram tantos livros quanto eu, em especial os bastardos que me menosprezaram no passado. Infelizmente, como as pessoas que escrevem livros sobre como se tornar existencialista não vão aos programas de sábado à noite na TV, permanecerei na obscuridade: uma pessoa que não aparece nas manchetes, com um nome comum a outros escritores. Talvez eu devesse ter escolhido outras formas de me mostrar, mas me falta talento para qualquer outra coisa. E ia acrescentar: "e provavelmente não tenho talento para isso também", mas seria apenas falsa modéstia e vaidade dissimulada.

Você alguma vez já pensou que modéstia e timidez na verdade são maneiras astutas de chamar atenção? Penso naquelas pessoas muito irritantes que falam muito baixo. Elas se consideram tão importantes que podem pronunciar suas pérolas de sabedoria por murmúrios, enquanto todos à sua volta devem se inclinar e se esforçar para ouvir o que elas têm a dizer.

Havia um garoto na minha escola chamado Ray Groves que conseguia falar perfeitamente, mas nunca o fazia. Ele só falava com a família, segundo todos diziam. Para ser justo, ele era bastante eficaz em manter essa atitude. Os professores costumavam gritar com os meninos para ficarem quietos, mas ao longo dos anos vi muitos deles gritarem com Ray para que falasse. Embora eu admirasse sua teimosia, nunca considerei a recusa de Ray em falar como sinal de timidez, frieza ou sensibilidade especial. Eu o via apenas como dissimuladamente arrogante e totalmente autocentrado. Eu não conhecia essas palavras na época do ensino fundamental, mas elas descrevem bem o que eu sentia em relação a Ray. As pessoas lhe dirigiam a palavra, mas ele nunca as retribuía. Isso fazia com que todos insistissem em tentar falar com ele, imaginando que ele teria coisas interessantes a dizer. No entanto, se ele falasse, poderiam perceber que ele era um chato, que não tinha nada importante a dizer.

Como a maioria das pessoas, tenho ressentimentos de muita gente. Até mesmo desse colega de escola que não falava nunca porque tinha vergonha de sua voz fraca. Ressentimento de Ray Groves porque, embora eu tentasse, ele não me considerava bom o suficiente para me dirigir a palavra. Ressentimento é um aspecto e uma reação do ser-para-outro, porque o outro pode cortar nossas asas e nos fazer cair ao chão com facilidade.

Embora se esforcem, as pessoas nunca podem ficar seguras de que estão criando a impressão desejada, de que os outros não decidiram adotar sobre elas uma opinião distinta da desejada. Eu mesmo tenho tentado aqui formar opiniões contrárias sobre certas pessoas de caráter duvidoso que levantam fundos para obras de caridade; ou sobre as que falam muito baixo ou que simplesmente se recusam a falar. Ainda que uma pessoa esteja perfeitamente segura de que impressionou bem os outros, que os outros a amam, admiram, respeitam etc., ela nunca terá certeza de que essa reação vai durar. A liberdade de uma pessoa está sujeita à liberdade do outro, à transcendência do outro. O simples olhar do outro a fixa como um objeto no mundo dele. Como um objeto para o outro, uma pessoa é uma *transcendência transcendida* pela transcendência do outro. Ela deixa de existir primariamente como um sujeito livre para si mesmo, passando a existir primariamente como um objeto não livre para os outros.

Para tornar mais clara essa mudança do sujeito transcendente para o objeto transcendido, lembro o exemplo de um homem ocupado em ver pornografia. Até que seja surpreendido nesse ato, ele permanece um ser-no-mundo, uma transcendência. É, enfim, um sujeito absorvido no que faz, e não julga a si mesmo. É livre para transcender o significado de seu ato e não precisa considerar-se um pouco pervertido. Mais tarde, se refletir sobre sua ação, poderá evitar classificar-se como pervertido justificando a si mesmo que não passava de um desvio etc., uma distração sem importância, sem influência sobre seu caráter ou sua moral. De repente, porém, ele percebe que está sendo observado. Assim, subitamente ele se sente mais exposto do que as modelos nuas que contemplava. O que ele é foi revelado ao outro e, desse modo, a si mesmo. Sem aviso prévio, aquilo que para ele teria pouca ou nenhuma importância escapa-lhe e adquire significado para o outro. Sua ação agora pertence ao outro, para quem ele se tornou um objeto obsceno. Ao capturá-lo naquela ação, o outro capturou sua liberdade e é livre para julgá-lo como bem entender, a impor-lhe significados – como pervertido, voyeur, velho sujo etc.

Ao se considerar a questão do ser-para-outro, é preciso sempre ter em mente que uma pessoa é outro para o outro e, por conseguinte, capaz de alienar a liberdade do outro ao transcender sua transcendência. De maneira controvertida, os filósofos existencialistas tendem a caracterizar as relações humanas como uma luta incessante por poder, dominação e transcendência, sustentando que a base de todas as relações humanas é o *conflito*. Esse conflito e o sofrimento resultante de ter um ser-para-outro que está além do controle da pessoa são explorados de uma maneira que se tornou famosa na extraordinariamente pessimista peça teatral *Entre quatro paredes*, de Sartre. Embora bastante depressiva e claustrofóbica, é uma obra muito inteligente sobre três pessoas repulsivas e autocentradas presas para sempre em uma sala – algo como um *Big Brother* com diálogos inteligentes. Garcin, um dos protagonistas, numa das falas mais conhecidas, exclama: "Não há necessidade de grelhas. O inferno são os outros!"[16]

Alguns críticos resistem ao argumento de muitos dos filósofos existencialistas de que a essência de todas as relações humanas é o conflito, de que o inferno são os outros, não porque o julguem pessimista, mas por considerá-lo uma enorme generalização que não foi suficientemente analisada. Dizem esses críticos que filósofos existencialistas como Beauvoir, Camus e Sartre focaram demais suas próprias experiências de angústia. Tendo chegado ao auge por volta da Segunda Guerra Mundial e se associado a um punhado de intelectuais parisienses ressentidos, obcecados em se criticar mutuamente por prazer, foram levados a concluir que todos passam a vida inteira em desacordo entre si, procurando denegrir-se. Com certeza, as pessoas ficam com as outras atravessadas na garganta com frequência, e quem viveu os horrores da Segunda Guerra Mundial não deve ser culpado por concluir que o conflito é universal. No entanto, parece justo dizer que os filósofos existencialistas enfatizavam demasiadamente um aspecto do comportamento humano apenas por seu efeito dramático. Quando sugerem que o que Sartre chama de *o olhar* é sempre uma ameaça, ignoram a evidência de algumas situações opostas, como o olhar carinhoso, protegido e protetor entre mãe e filho. A verdade parece estar em que as outras pessoas por vezes são o inferno, por vezes o paraíso.

Para ser justo com os filósofos existencialistas, deve-se lembrar que eles demonstraram certo apreço pela capacidade das pessoas de conviverem sem conflito, mediante o conceito de *Mitsein* – termo alemão para "ser-com". Os existencialistas franceses seguiram o existencialista alemão Martin Heidegger quando empregaram o termo

Mitsein para se referir ao fenômeno de ser-*com*-outro; ao fenômeno do "nós". Nas ocasiões em que um *nós* assume o controle, a pessoa não é transcendida por outras pessoas, nem procura transcender os outros. Antes, seu ego é transcendido por alguma experiência coletiva na qual ele submerge em um *nós*.

Essa submersão em um *nós*, todavia, costuma manter-se através do conflito com um *eles* enquanto oponente ou objeto de ódio – conflito no grupo. Heidegger teve sua experiência de *Mitsein* como membro do Partido Nacional-Socialista de Hitler. Ainda assim, há ocasiões em que o *nós* não requer um *eles*. Por exemplo, um grupo pode trabalhar junto em uma tarefa que tem um objetivo comum que não é propriamente bater ou destruir a competição. Como alternativa, um grupo que se une em torno da religião, da música, da dança ou das drogas, ou de todas essas categorias juntas, pode realizar um estado de utopia, ou sinergia, chegando à perda coletiva do egoísmo. Um verdadeiro paraíso.

Liberdade e responsabilidade

Assim como Mel Gibson no extraordinário, embora não historicamente preciso, *Coração valente*, os filósofos existencialistas estão sempre guerreando pela liberdade. Mesmo quando não estão tentando libertar a Escócia da Inglaterra (ou a França dos alemães), ou sendo enforcados, torturados ou esquartejados, consideram a liberdade humana algo de suprema importância. William Wallace, o herói encarnado por Mel Gibson no filme, era um corajoso soldado da liberdade que não aceitava ordens, em especial depois que a escória inglesa que ocupou sua linda Escócia cortou a garganta de sua mulher. Ele reconheceu a verdade existencial segundo a qual não se é livre apenas quando se está investido de poderes que asseguram alguns poucos privilégios (e isso nem sempre acontece), mas sim de maneira fundamental e inalienável, não importa quais sejam as circunstâncias; ou que ninguém pode de fato tirar a liberdade de ninguém, por mais que se tente escravizar uma pessoa. Como um verdadeiro existencialista, Wallace era sábio o bastante para reconhecer que, fizesse o que fizesse, a escolha tinha sido sua, era ele o responsável pelas próprias ações. Além disso, como um verdadeiro existencialista, ele insistia em afirmar e defender sua liberdade. Ele se recusava a considerar-se escravo, tal como os opressores ingleses queriam que fizesse, e, por recusar-se a usar sua liberdade para colocá-la em xeque, acabou pagando o preço mais alto. A princípio vitorioso, seu exército acabou derrotado e ele, capturado e esquartejado. Seus membros foram espalhados pelos quatro cantos do reino, mas eram membros de um homem que morreu defendendo sua LIBERDADE.

Embora a maioria dos filósofos existencialistas se interesse pelas liberdades civis e pelos direitos humanos, sua defesa da liberdade humana não consiste exatamente em uma instância política, em um desejo de promover justiça ao redor do mundo, mas tem natureza profundamente filosófica. Os existencialistas se aferram a fundamentos filosóficos segundo os quais toda e qualquer pessoa é livre de maneira fundamental, necessária e inalienável, independentemente das circunstâncias ou do nível de opressão política, social e econômica que possa sofrer. Para os filósofos existencialistas, a liberdade não diz respeito essencialmente ao que as pessoas podem fazer, ao que são capazes de fazer etc., mas à *responsabilidade* de cada pessoa pelo que faz ou pelo que não faz em qualquer circunstância. Para compreender de forma adequada a teoria existencialista da liberdade pessoal, é vital perceber que ela consiste muito mais em uma teoria da responsabilidade pessoal. A liberdade não é livre de responsabilidade, liberdade é fazer escolhas e, por conseguinte, assumir responsabilidade.

A teoria existencialista da liberdade está arraigada na teoria existencialista da escolha e da ação, que, por sua vez, está arraigada na teoria existencialista da consciência humana e da temporalidade, que já abordei. Ao argumentar em favor da livre escolha, os filósofos existencialistas não apenas abrem espaço para ela com argumentos contra o determinismo, considerando o determinismo a visão segundo a qual todos os acontecimentos e estados dependem de acontecimentos e estados anteriores. Eles apresentam uma descrição positiva da livre escolha demonstrando não apenas que ela é possível, mas que é necessária, dada a natureza da consciência.

Conforme vimos, a consciência é um ser paradoxal, ambíguo e indeterminado, que nunca é em si, que nunca é idêntica a si. Enquanto *relação* com o mundo, a consciência não se funda em si mesma, mas no que não é, não sendo, portanto, nada é em si, nada no presente. A consciência nunca está no presente. Ela existe apenas como um perpétuo movimento temporal, uma transcendência do passado em direção ao futuro. Como transcendência em direção ao futuro, a consciência não faz parte do mundo da causa e do efeito.

Eventos que são o que são e nunca podem ser de outro modo por que já aconteceram pertencem a um passado que existe para uma consciência que é o futuro desse passado. O passado só existe para uma consciência que o transcende em direção ao futuro. A consciência existe apenas como uma transcendência do passado em direção ao futuro. A consciência é o futuro do passado, o que equivale a dizer que é as futuras *possibilidades* do passado. Enquanto nada além de um ser rumo ao futuro, nada além de possibilidades futuras daquilo que transcende, a consciência deve ser essas possibilidades. Ela não pode não ser a abertura de possibilidades.

Essa questão de tempo e possibilidade é fundamental no existencialismo difícil de discutir de maneira mais simples. Não se preocupe se o parágrafo anterior lhe pareceu incompreensível; basta lê-lo outra vez. Em filosofia, reler é bastante comum. É um costume sábio, e não indício de neurônios limitados. O quê? Você já releu o parágrafo acima cinco vezes e ele continua impenetrável? Não se preocupe. Siga em frente. Estou certo de que você vai captar a ideia geral. O cérebro é mais parecido com o estômago do que se pensa. Ele precisa de tempo para digerir as coisas, e pode ser que a ideia geral do parágrafo anterior chegue a você mais tarde, quando ao fechar este livro; talvez quando estiver se exercitando, comendo ou vendo TV. A ideia geral de uma coisa com frequência me ocorre quando estou no chuveiro, que não é o lugar mais conveniente para fazer anotações. Curiosamente, muitas vezes, quando não temos à mão papel, caneta ou livros é que ocorrem nossos melhores pensamentos.

Seja como for, a ideia geral do que estou afirmando aqui é que somos capazes de ser livres num mundo de relações mecânicas de causa e efeito, porque constantemente escapamos desse mundo mecânico para o futuro. É no futuro ao qual aspiramos que somos livres.

A liberdade da consciência consiste na constante abertura de novas possibilidades. A consciência descobre a si mesma num mundo de possibilidades que ela cria pelo fato de ser uma transcendência temporal em direção ao futuro. A consciência não está *no* futuro. O futuro existe apenas como o "não ainda" para o qual a consciência escapa. Além disso, o futuro nunca pode ser alcançado, pois, para alcançá-lo, é preciso imediatamente torná-lo passado. No entanto, é no futuro que a consciência almeja ser livre, livre no sentido de ter um leque de possibilidades futuras que ela perceba por si.

Ao escolher entre suas possibilidades, ao escolher ou um curso de ação, a consciência traz algumas de suas possibilidades à realidade, abandonando outras. A transformação de uma possibilidade em realidade é a transformação do que os filósofos existencialistas chamam de *futuro-passado* em *passado-futuro*. Como vimos, o passado é um passado-futuro, um outrora futuro que já se tornou passado. Algumas das possibilidades abarcadas pela consciência se transformam em um passado-futuro, o qual de pronto se torna a base de lançamento para uma nova transcendência da consciência em direção a novas possibilidades futuras. E assim por diante, até que a morte nos transforme em heróis.

O fato de que a consciência deve ser uma transcendência temporal de forma a existir em tudo, o fato de que ela não pode não ser uma abertura de possibilidades implica que ela não pode não ser livre. É uma característica necessária da consciência humana que ela não é livre para deixar de ser livre. As pessoas são necessariamente livres ou, conforme observou Sartre, as pessoas são "condenadas a ser livres".[17]

Uma pessoa não pode nunca renunciar à sua liberdade. Não pode nunca fazer de si mesma um objeto causalmente determinado pelo mundo físico, porque a própria ideia de renúncia, a própria tentativa de render-se ao causalmente determinado deve ser uma livre escolha sua. Uma pessoa não pode se deixar determinar pelo mundo, pois, não importa quando e como fizer essa tentativa, terá de *escolher* fazê-la. Uma pessoa não pode nunca deixar de escolher, uma vez que, como disse Sartre, "não escolher é, de fato, escolher não escolher".[18] A liberdade de uma pessoa não consiste no desligamento completo de todas as obrigações, o que seria uma espécie de liberdade *hippie*, mas sim na constante responsabilidade de ter de escolher quem ela é por meio das ações que escolhe executar em resposta à adversidade de sua situação.

Na opinião de filósofos existencialistas linha-dura, a responsabilidade de ter de escolher não tem fim.

É importante observar que os filósofos existencialistas chamam de *facticidade* a adversidade e a resistência das coisas e situações. Facticidade é o que a liberdade se empenha em superar, embora a liberdade sempre necessite da facticidade, de modo a ser sua superação. Conforme Simone de Beauvoir, a "resistência da coisa [facticidade] sustenta a ação do homem [liberdade] como o ar sustenta o voo de uma pomba".[19] Na medida em que a liberdade está tão intimamente ligada ao que temos chamado de *transcendência*, é possível dizer que transcendência é a transcendência da facticidade. Transcendência e facticidade existem em estreita relação uma com a outra, dando sentido e realidade uma à outra. Os termos "transcendência" e "facticidade" permitem aos filósofos existencialistas fazer descrições sutis sobre as relações que as pessoas mantêm com o próprio corpo, com o mundo, com os outros, e assim por diante. Voltaremos a esse assunto quando abordarmos a questão da má-fé, no capítulo sobre como *não* ser existencialista. A má-fé é uma espécie de jogo no qual transcendência e facticidade se embaralham e se confundem.

Liberdade e deficiência

Assim como a liberdade é necessária, ela é também ilimitada. Não ilimitada no sentido de que uma pessoa é livre para fazer qualquer coisa, seja voar sem ajuda, andar sobre a água ou lamber o próprio cotovelo; ilimitada no sentido de que é sua obrigação ser livre e escolher uma resposta para cada situação, de maneira incessante. Mesmo quem tem dificuldade ou incapacidade de andar, por exemplo, possui liberdade ilimitada. Ela não é livre para andar no sentido de ter independência para isso, mas é livre para escolher o significado de sua deficiência e, em decorrência disso, responsável pela reação que tem a ela. Sartre afirmou:

Não posso ser aleijado sem escolher a mim mesmo como aleijado. Isso significa que escolho a maneira pela qual nomeio minha incapacidade ("intolerável", "humilhante", "algo a ser ocultado", "algo a ser revelado a todos", "um objeto de orgulho", "a justificativa de meus erros" etc.).[20]

Se um deficiente físico considera a deficiência sua ruína, essa é uma escolha pela qual é o único responsável. Ele é livre para enfrentar a deficiência de modo positivo, esforçando-se, por exemplo, com a finalidade de ser um para-atleta de sucesso, escrever um livro ou captar recursos para alguma causa.

Em 1995, o ator Christopher Reeve, que atuou no papel de Super-Homem no cinema, ficou paralisado do pescoço para baixo ao cair de um cavalo. Mediante uma ação ininterrupta, digna do personagem que interpretou, Reeve recusou-se a dar-se por destruído. Permaneceu positivo e ativo, engajando-se sem descanso numa campanha pelos direitos dos portadores de deficiências, e conseguiu captar dezenas de milhões de dólares destinados a pesquisas sobre paralisias. Reeve morreu ainda jovem em decorrência da tetraplegia, mas a questão não é essa. Todo mundo morre, mais cedo ou mais tarde. A questão é como ele viveu. Certa vez ele disse:

> Acho que enfrentar desafios é uma grande motivação, pois muitas pessoas portadoras de deficiência permitem que a deficiência se torne o fator dominante de sua vida, e eu me recuso a permitir que a deficiência determine como tenho de viver.

Não sei se Reeve estudou o existencialismo, mas ele certamente revelou qualidades que faziam dele um verdadeiro existencialista.

Não faz muito tempo, escalei o monte Snowdon, no País de Gales. No meio da subida, passei por um homem que vinha descendo a custo, apoiado em muletas. Ele era corcunda e tinha as pernas tão curvas que pisava com a lateral dos pés. Cumprimentei-o com a cabeça enquanto acelerava o passo em direção ao topo, pensando em como ele tinha conseguido chegar até lá. Quando voltei, duas horas mais tarde, dei com ele a cerca de um quilômetro de distância do local de nosso primeiro encontro, e descemos juntos um trecho. Sua condição tornava cada passo que dava uma tarefa considerável. Ele era como que obrigado a negociar, com dolorosa lentidão, com cada pedra por que passava naquele caminho áspero, e seu avançar era tão perigoso quanto lento, pois as muletas por vezes escorregavam nas pedras ou afundavam na lama. Ele não tinha como evitar as quedas e, com efeito, caiu diversas vezes. Dava para ver que tinha espinha bífida. Uma vez que lhe era fisicamente impossível escalar montanhas, ele havia tomado o trem até o topo do monte e se impusera o temerário desafio de voltar a pé. Deve ter sido extremamente exaustivo para ele descer, durante horas, os oito quilômetros do caminho de Llanberis com suas pernas deformadas e as muletas, mas ele estava decidido a fazê-lo. Apesar da dificuldade e da dor, parecia satisfeito consigo mesmo, e não aceitaria ajuda. Estava feliz de enfrentar a situação que se impusera, feliz de dominar sua deficiência, escolhendo o significado dela.

Eu me surpreendi comparando esse homem a alguns sedentários que conheço, que, por causa da ganância, da preguiça e da autonegligência em geral, destroem a saúde e se encontram muito acima do peso. Eles teriam quase a mesma dificuldade para descer o monte Snowdon que o homem de espinha bífida, mas, em primeiro lugar, não se dariam ao incômodo de tentar uma caminhada como aquela. Sem dúvida, seria preciso providenciar um bilhete de volta no trem para aqueles palermas. Por isso me perguntei: quem na verdade é deficiente no mundo? Os "aleijados" que sempre decidem se esforçar e fazer tudo que podem ou os preguiçosos e obesos que sempre escolhem a opção mais fácil e fazem o mínimo possível, exceto quando se trata de comer alguma porcaria e apresentar desculpas? Talvez os únicos deficientes de fato neste mundo sejam aqueles que têm atitudes deficientes.

Enfatizar que, do ponto de vista existencial, uma pessoa deficiente é responsável pela própria deficiência é sem dúvida uma afirmação dura e intransigente. Parece mesmo severa e politicamente incorreta, nesta cultura de desculpas que subestima a responsabilidade individual e superestima as queixas contra as circunstâncias e a facticidade. No entanto, essa afirmação deveria ser considerada emancipadora e politicamente correta, pois respeita os deficientes físicos. Dizer à pessoa deficiente que ela é, existencialmente falando, responsável por sua deficiência não é insultá-la ou demonstrar falta de consideração, mas, sim, inspirá-la e indicar-lhe a única esperança possível caso a deficiência seja incurável. Uma pessoa portadora de deficiência que não consinta chafurdar na autopiedade – que não *escolha* chafurdar na autopiedade, como diria Sartre – estaria com certeza abraçando a descrição sartriana de sua situação. Nenhum portador de deficiência quer ser reduzido à deficiência, considerado "apenas um paraplégico numa cadeira de rodas" ou "apenas um paralítico apoiado em muletas". Sartre diz exatamente que uma pessoa deficiente não é a sua deficiência, mas a resposta que escolhe dar livremente à deficiência e a maneira como a transcende.

O homem que conheci no monte Snowdon, com sua espinha bífida, não era um incapacitado, mas com certeza alguém *diferentemente capaz*. Ele exercia ao máximo a facticidade que o corpo lhe permitia; mais do que algumas pessoas sem suas desvantagens congênitas poderiam se dar ao trabalho de fazer. Voltei ao hotel ao pé do monte, tomei banho e saí em busca de uma merecida xícara de chá. Durante toda a tarde até o anoitecer, olhando para aquelas montanhas, perguntei-me se aquele homem ainda estaria descendo a montanha. Presumo que tenha conseguido descer; ao menos nunca ouvi nada em contrário, mas, se por acaso ele morresse tentando, teria morrido transcendendo a terrível facticidade de sua assim chamada deficiência. Seria uma boa morte, acredito eu. Como muitos edifícios públicos, o existencialismo sempre dispõe de rampas de acesso para deficientes, embora, por outro lado, não ofereça aos deficientes concessões especiais.

Possíveis limites à liberdade

Existencialistas mais moderados, como Maurice Merleau-Ponty, cuja grande contribuição ao existencialismo é o livro *Fenomenologia da percepção*, consideram que há limites à liberdade. Naturalmente, às vezes as pessoas fazem coisas sobre as quais não têm controle, como vomitar depois de beber quinze latas de cerveja – cerveja que, para começar, eles decidiram beber –, mas não é esse o tipo de coisa que Merleau-Ponty tem em mente. Vomitar depois de beber tal quantidade de cerveja não é exatamente algo que se faça, mas algo que acontece apenas porque o organismo perdeu o controle, muito embora várias pessoas sejam capazes de resistir a quinze latas de cerveja por pura força de vontade. Merleau-Ponty está pensando em ações e reações que exigem consciência para ocorrer, mas que não envolvem uma escolha. Vomitar não exige necessariamente consciência. Os astros do rock, por exemplo, vomitam durante o sono, com terríveis consequências, como foi o caso de Jimi Hendrix, John Bonham e Bon Scott. Filósofos que simpatizam com a posição de Merleau-Ponty citam senso de humor, preferência sexual, pânico e insanidade como exemplos de ações e reações que demandam consciência para ocorrer, mas que não são uma questão de escolha. Uma rápida avaliação desses exemplos parece revelar que nem toda resposta consciente é escolhida livremente.

Senso de humor: embora a educação e a experiência possam mudar o senso de humor de uma pessoa ao longo do tempo, se ela acha uma piada engraçada no momento em que a ouve, não está escolhendo achá-la engraçada. Assim, se você considerar deliberadamente engraçado o ultrajante e ofensivo comediante inglês Bernard Manning, vá em frente e ria bastante, não é sua culpa. Na verdade, eu o acho engraçado, em parte porque ele me lembra todos aqueles liberais hipócritas, certinhos e politicamente corretos que o consideram ofensivo. Em parte eu acho engraçado eles se ofenderem, mas isso não tem importância para nossa discussão.

Preferência sexual: embora qualquer pessoa razoável seja sem nenhuma dúvida responsável por todas as ações que resultam de sua preferência sexual, ela não é responsável pela preferência em si. Ela não a escolhe e não tem como decidir transformá-la. Falando sério, pode-se até perguntar por que muitos psicólogos acham que podem ajudar pedófilos a mudar sua preferência sexual. Será que pensam que poderiam ajudar heterossexuais e homossexuais a mudar sua preferência? Já houve pedófilos que pediram para ser castrados para que deixassem de fazer o que fazem. Com esse pedido, eles convenientemente confundem uma preferência pela qual não são responsáveis por ações pelas quais são sem dúvida responsáveis. Trata-se de uma forma engenhosa de não serem responsabilizados pelo que fazem.

Reações de pânico: o pânico tem ao mesmo tempo uma dimensão física e mental. É uma reação física que precisa da consciência para acontecer, mas não está sempre sob controle da consciência. Por vezes, o pânico sobrecarrega a consciência. Ele produz uma reação de estresse agudo que paralisa a pessoa entre enfrentar o inimigo ou fugir dele. A pessoa permanece consciente, mas por vezes perde o controle de si mesma. O fato de um soldado ser capaz de aprender a controlar o pânico por meio de treinamento e experiência, para então colocar-se na posição de ser capaz de escolher não entrar em pânico, não implica que todo soldado possa escolher ou não entrar em pânico quando os projéteis começam a disparar.

Insanidade: psiquiatras reconhecem que a pessoa com transtorno mental apresenta tendências obsessivas e compulsivas sobre as quais tem pouco ou nenhum controle. A teoria existencialista linha-dura da liberdade não aceita a "redução" da responsabilidade que costumeiramente se atribui à doença mental.

Com certeza é correto afirmar que a responsabilidade não pode ser evitada ou a liberdade restringida quando se escolhe não escolher. E sem dúvida a alegação de impotência em muitas situações da vida é uma impostura por demais familiar a todos nós. No entanto, parece equivocado afirmar que as pessoas são *sempre* responsáveis por aquilo que fazem e por suas avaliações. Dentre todos os filósofos existencialistas, Sartre provavelmente teorizou de modo mais firme e intransigente sobre liberdade e responsabilidade. Até certo ponto, isso foi decorrência do período histórico de sua produção intelectual. Como seu pensamento foi influenciado de maneira crescente por preocupações políticas, Sartre fez sua parte para resistir à ascensão do fascismo e do nazismo, que culminou na Segunda Guerra Mundial: defendendo as liberdades individuais e a responsabilidade pessoal inalienável.

Talvez no final Sartre não tenha nos deixado exatamente uma teoria filosófica formulada em detalhes, mas um ideal a ser alcançado com força de vontade inabalável e uma disposição infinita: uma vida de responsabilidade máxima e desculpas mínimas. E você, prefere o ideal de ser um palerma lamuriento e irresponsável? Há uma quantidade surpreendente de financiamentos públicos à disposição de pessoas com esse tipo de aspiração.

O que é existencialismo?

Liberdade e ansiedade

A percepção de uma pessoa sobre sua liberdade ilimitada, ou quase ilimitada, pode constituir uma fonte de ansiedade e angústia. Ela pode se tornar ansiosa por saber que nada do que ela é pode *ser* em si, que tudo o que ela faz é por sua livre escolha, que não há nada que a impeça de se meter em alguma louca proeza a não ser sua escolha de não fazê-lo. Uma vez um amigo prendeu o pé no aro da roda da frente da bicicleta. Quando fui visitá-lo no hospital e perguntei por que tinha acontecido aquilo, ele respondeu que foi simplesmente porque o aro estava lá e ele tinha resolvido pôr o pé nele. Do ponto de vista existencialista, ele ganhou pontos, porque não apresentou desculpas, dizendo apenas: "Tive um impulso irresistível que me levou a fazer isso".

Nossa liberdade nos torna ansiosos porque não há nada, a não ser essa própria liberdade, que nos impeça de agir a qualquer momento de modo destrutivo, ansioso, constrangedor ou vergonhoso. Neste exato momento, você pode escolher mandar seu chefe à merda ou destruir sua respeitável reputação em um instante andando nu pela rua. Obviamente, não recomendo isso, mas, como uma infinidade de outras ações possíveis que deixamos de pôr em prática a cada momento, elas são sempre uma opção. Em vez de escrever o próximo parágrafo eu poderia me atirar pela janela...

Não me atirei, é claro, pois aqui está o novo parágrafo. Mas você poderia atirar-se de sua janela em vez de lê-lo. Por medo de ser processado na nossa cultura de desculpas (nossa cultura de "culpar qualquer um, menos a si mesmo"), devo enfatizar que não estou recomendando esse ato. Ainda que, existencialmente falando, a escolha seja sua.

Sartre distingue aquilo que pode ser chamado de *ansiedade da liberdade* do medo. Ele dá o exemplo de um homem que palmilha com cuidado seu caminho à beira de um precipício.[21] O homem teme despencar, mas também sofre de ansiedade, que se manifesta como vertigem, porque ele está livre para dali saltar. Diz Sartre: "A vertigem é angústia na medida em que sinto medo não de cair no precipício, mas de me atirar".[22]

Para evitar a ansiedade da liberdade, as pessoas com frequência adotam estratégias para convencer a si mesmas e aos outros que não são livres, que não precisam ou não podem escolher, ou que não têm escolha, quando na verdade têm. No caso do caminhante do precipício, ele se esforçava para ignorar a liberdade que tinha para saltar. Essa liberdade o ameaçava enquanto ele se ocupava com a tarefa de palmilhar cautelosamente o caminho, como se seus movimentos fossem fisicamente determinados pelas exigências da situação, mais do que por ele mesmo. Ele se imaginava compelido a agir como agia pelo instinto de sobrevivência.

Negar a realidade da liberdade de escolha, talvez como meio de evitar a ansiedade, talvez como estratégia de enfrentamento ou ainda com o objetivo de desistir da responsabilidade, é o que os filósofos existencialistas chamam de *má-fé*. A má-fé não é o oposto da liberdade, pois é a liberdade que dá origem à possibilidade da má-fé, uma vez que a má-fé é um projeto de liberdade no qual a liberdade almeja sua própria supressão e negação. Se você quiser ser um verdadeiro existencialista, então precisa se esforçar por *querer* ser livre, afirmando sua liberdade e evitando a má-fé a todo custo. O próximo capítulo é todo sobre a má-fé.

3
Como não ser existencialista

Uma pessoa pode não ser existencialista por não saber nada sobre o existencialismo, por conhecer o assunto sem acreditar em uma só palavra de seus postulados ou por não se esforçar por viver a vida da maneira como o existencialismo propõe. Espero que, tendo lido este livro até aqui, tudo o que você aprendeu sobre o existencialismo e sua maneira honesta de avaliar a condição humana o tenha convencido de sua veracidade. Se essa é a sua situação, então você cumpriu as condições 1 e 2 para ser existencialista, por mim definidas no início do primeiro capítulo. Assim, ao cumprir dois dentre os três critérios, você avançou bem no caminho para se tornar existencialista. Como o nefasto capitão William Bligh[*] disse certa vez (ao menos num filme que vi): "Pense sempre no caminho que já percorreu, e não no que ainda falta percorrer". Era desse jeito positivo que ele informava à sua sofrida tripulação que a viagem ainda seria longa. Lembrar esse exemplo é também o jeito positivo de eu lhe dizer que ainda há um longo caminho a percorrer.

Após o motim do *Bounty*, em 1789, Bligh ficou à deriva num pequeno bote com dezoito homens da tripulação. Por 47 dias ele navegou 3.618 milhas náuticas até a ilha do Timor, dispondo tão somente de um sextante, um relógio de bolso e a determinação da Real Marinha Britânica, afora a resistência e a firmeza de caráter. Não creio que Bligh tenha sido existencialista e não sei o suficiente sobre ele

---

[*] Bligh (1754-1817) foi oficial da Real Marinha Britânica e administrador colonial. (N. da T.)

para saber se era ou não autêntico, mas ele sem dúvida tinha certas qualidades pessoais necessárias a um existencialista. Com cara de poucos amigos, segundo dizem – o que não é necessariamente uma das qualidades pessoais para se tornar existencialista, mas pode ajudar –, ele encarou sua cruel realidade e se perguntou: "O que tenho de fazer?" Então foi em frente e fez. Não fez o melhor que podia, pois fazer o melhor é para escolares em dias de competição esportiva, para crianças que não sabem qual é o seu melhor; ele fez o que era *necessário*.

Saber o que é o existencialismo é relativamente fácil, e acreditar nele é mais fácil ainda. De fato, não é preciso nenhum esforço para acreditar nele. Basta sentar e refletir honestamente sobre a vida para se convencer. A parte difícil, tão difícil quanto navegar num pequeno bote ao longo de milhares de milhas através do oceano hostil, consiste em cumprir a terceira condição que defini no início do primeiro capítulo, pois ela implica esforçar-se com algum sucesso para viver e agir de acordo com as conclusões e recomendações do existencialismo. Conforme sustenta o próprio existencialismo, a teoria é sempre algo bom, mas no fim são as *ações* que contam. Aprender sobre o existencialismo é provavelmente mais fácil do que utilizar um sextante para medir a distância angular de algum objeto celeste no horizonte, mas *ser* existencialista provavelmente é mais complicado do que navegar através do Pacífico num barco a remo tendo como única companhia dezoito marinheiros e arrepiantes tubarões.

De longe, o maior obstáculo ou a principal armadilha na viagem para se tornar um verdadeiro existencialista é a *má-fé*. Agir com má-fé é o modo mais seguro de falhar em ser existencialista. Imagino que você esteja lendo este livro porque quer saber *como* ser existencialista, e não porque quer saber como *não ser* existencialista. Ainda assim, penso que posso ajudá-lo a avançar bastante em seu objetivo de se tornar existencialista se eu descrever como não ser existencialista – ou seja, se eu descrever e analisar comportamentos pautados pela má-fé, que você deve evitar a todo custo se quiser ter sucesso em seu objetivo.

O filósofo existencialista que mais tem a dizer sobre a má-fé é ainda o bom e velho Jean-Paul Sartre. A teoria existencialista da má-fé é em larga medida teoria de Sartre, e talvez a mais interessante e provocadora teoria originada de seu grande e lúcido cérebro. Sartre era obcecado pela má-fé porque ela está presente no modo como as pessoas se comportam na maior parte do tempo. Decerto Sartre sentiu que vivia cercado pela má-fé em sua infância sufocante e respeitável de garoto de classe média, e escrever sobre o assunto em suas críticas, relatos, romances, peças de teatro e biografias era seu jeito de resistir e rebelar-se contra ela – e também um jeito de nos levar a fazer o mesmo. Parece correto dizer que, para se tornar um verdadeiro existencialista, a pessoa deve aprender a odiar a má-fé tanto quanto Sartre a odiava. Sartre e a teoria da má-fé estão tão interligados que se torna impossível discutir a má-fé sem examinar o que ele tem a dizer sobre ela, sem avaliar em detalhe os fascinantes exemplos que ele dá ao abordar o assunto. O que eu disse já é suficiente para justificar o forte aroma sartriano deste capítulo, então vamos em frente.

Má-fé não é autoengano

A má-fé costuma ser descrita como autoengano, ou mentir para si mesmo, porque superficialmente é isso o que ela parece ser. Essa descrição, contudo, na melhor das hipóteses é uma simplificação excessiva; na pior, enganosa e equivocada. A má-fé não pode ser autoengano pela simples razão de que o autoengano, no sentido de mentir a si mesmo, é impossível. Uma pessoa não consegue mentir para si mais do que consegue roubar numa partida de xadrez contra si mesma. "Será que eu perceberia se tivesse tirado sorrateiramente dois peões do tabuleiro?" Ninguém rouba sem saber que está roubando. Sempre que uma pessoa mente, ela sabe o que está fazendo. Como disse Sartre, "a essência da mentira implica, de fato, que o mentiroso sabe a verdade que está escondendo".[23]

A mentira envolve uma tentativa deliberada de enganar e se baseia no fato de que a consciência de uma pessoa é uma consciência da qual o outro não está diretamente consciente. Mentir implica a existência de duas consciências externamente relacionadas, uma dualidade psíquica de impostor e enganado. Tal dualidade não pode existir no âmbito da unidade de uma única consciência. A consciência é *translúcida*, é consciência de uma ponta a outra, e os pensamentos existem apenas na medida em que a pessoa é consciente deles. Sendo translúcida, a consciência não pode ser compartimentada com pensamentos ocultos uns dos outros em diferentes seções.

Ao rejeitar a existência de uma dualidade psíquica na unidade de uma consciência única, Sartre rejeita a famosa distinção entre consciente e inconsciente feita pelo austríaco Sigmund Freud. Para tentar mostrar o absurdo dessa teoria de Freud, Sartre argumenta que a consciência não seria capaz de reprimir certos pensamentos indesejáveis e aprisioná-los no inconsciente sem realmente *saber* o que está reprimindo. Segundo Sartre, "se rejeitamos a linguagem e a mitologia materialista da psicanálise, percebemos que o censor empenhado em exercer sua atividade com discernimento deve saber o que está reprimindo".[24] O porteiro de uma casa noturna, vestido com *smoking* e cheio de mesuras, não pode fazer seu trabalho a não ser que saiba quem ele tem obrigação de excluir. "Qual é seu nome? Desejo Sexual pela Mãe? Espere aí, vou ver se está incluído na lista de convidados. Ah, desculpe, companheiro. Você foi barrado."

Sartre identifica como formas de má-fé as atitudes e os comportamentos que Freud explica como produtos de uma dualidade psíquica no interior de uma mesma pessoa. A má-fé não requer dualidade psíquica numa mesma pessoa e não envolve autoengano. Como veremos, ela é mais como um projeto em curso de *distração e fuga de si mesmo*.

Uma vez que a má-fé não é um conceito abstrato, mas concreto, e também um fenômeno existencial – a atitude, a disposição e a maneira de se comportar de pessoas reais, em situações reais –, convém fazer um levantamento de exemplos específicos e concretos de pessoas em situação de má-fé. Essa é a abordagem de Sartre. Seus livros estão repletos de personagens em situação de má-fé, alguns dos quais empenhados em superá-la e atingir a autenticidade, muito embora a maioria afunde nela ao longo da vida.

Sedução e provocação

Sartre inicia seu detalhado balanço da má-fé em *O ser e o nada* com o exemplo do flerte de uma jovem um tanto ingênua com o rapaz que tenta ir para a cama com ela. Como você perceberá, ele é mais velho e mais experiente, e também um pouco indolente. O namorinho leva o rapaz a se mostrar cortez e atencioso, embora seu verdadeiro interesse seja de natureza sexual. Enfim o rapaz toma-lhe a mão, criando uma situação que exige da moça uma decisão, mas ela escolhe o flerte: não retira a mão, mas também não reconhece as implicações do gesto. É como se sua mão não lhe pertencesse, ou como se fosse um objeto pelo qual ela não fosse responsável, e ela considera o ato de deixar de retirar a mão como se não fosse uma ação.

A jovem sabe que sua mão está presa e o que isso implica, mas de certa forma ela foge desse conhecimento, ou, antes, ela é o projeto em curso de procurar fugir ou se distrair. Ela se distrai do significado de sua situação e da disposição de seus membros fugindo para o futuro. A toda hora ela procura se tornar uma pessoa além de si, uma pessoa não definida por sua situação presente. Ela almeja se tornar um ser que é o que é, um objeto como uma mesa ou uma pedra, mas ainda assim consciente. Um ser assim não estaria sujeito às exigências da situação, não seria *responsável*. Não se veria, enfim, obrigado a escolher e a agir.

Ela aspira a abandonar a mão, todo o corpo, no passado, esperando deixá-lo para trás. Ainda assim, no ato de tentar abandonar o corpo, ela reconhece que a situação demanda uma escolha. Manter de bom grado a mão na mão do rapaz ou retirá-la, eis a escolha que tem de enfrentar. Mas não escolhe, preferindo colocar-se como um ser que está além da exigência de ter de escolher. É essa escolha *negativa* que a distrai e substitui a escolha positiva que ela sabe que a situação exige. Ela evita fazer a escolha positiva, esforçando-se por escolher a si mesma como pessoa que transcende a responsabilidade por seu ser situado. Ela se esforça por escolher a si mesma como ser que escapou à facticidade, que escapou às demandas e às complicações de sua situação.

Conforme vimos, todo ser humano é ao mesmo tempo sujeito e objeto, uma facticidade e uma transcendência, ou, para ser mais preciso, a transcendência *de* sua facticidade. Existem diversas formas de má-fé, conforme revelam os inúmeros exemplos concretos que Sartre nos deu, e todas manipulam de algum modo a facticidade-transcendência, "dupla propriedade do ser humano".[25] Na essência, a má-fé é o projeto de procurar inverter e/ou separar facticidade de transcendência. O flerte trata a facticidade da situação da moça, em cujos termos as escolhas relacionadas a si mesma deveriam ser postas em prática, como se ela tivesse um poder transcendente sobre o próprio corpo. Ou seja, a jovem trata sua facticidade como se fosse uma transcendência. Ao mesmo tempo, ela trata sua consciência transcendente como se fosse a própria transcendência; como se fosse uma transcendência-em-si, mais do que a transcendência da facticidade da sua situação. Ela trata sua transcendência como se fosse uma facticidade.

Esse exemplo sugere como o flerte deve se desenrolar para não acabar em má-fé. Se a jovem tivesse a intenção de se tornar uma verdadeira existencialista, se tivesse a intenção de ser autêntica, teria de escolher entre tirar a mão da mão do rapaz e lhe dizer que o caso estava encerrado ou manter a mão onde estava e assumir a responsabilidade de encorajá-lo. Curiosamente, para evitar a má-fé, seu comportamento, seu movimento corporal, ou a falta dele, não precisam ser diferentes. Sua atitude, porém, aquilo que ela encara mentalmente e aquilo de que foge, é o que faz a diferença entre ter a mão segura ou dar as mãos. Tentar ignorar que a mão está presa pela do outro implica fraqueza de espírito e irresponsabilidade. É escolher não escolher. É uma escolha *negativa*, embora, de qualquer modo, seja uma escolha. Já decidir consentir em manter as mãos dadas e reconhecer que isso encorajará novas tentativas do rapaz significa espírito forte e responsável. É escolher escolher. É uma escolha positiva.

Ser um verdadeiro existencialista, exercer um comportamento autêntico, pode ser simples assim. Tão simples como a diferença entre ter a mão presa ou estar de mãos dadas. A dificuldade de ser um verdadeiro existencialista, contudo, como já foi dito, é manter-se firme. A dificuldade está em produzir reações responsáveis o tempo todo através do mais amplo leque de circunstâncias, algumas das quais muito mais difíceis de encarar do que os pequenos movimentos do jogo amoroso.

Você já deve ter percebido que pegar na mão não é um flerte por definição. No entanto, podemos imaginar que uma mulher (ou um homem) que conscientemente segura a mão de alguém está conscientemente encorajando o outro, embora saiba que não tem intenção de ir mais longe. Tal pessoa sabe que parece se tratar de uma espécie diferente de flerte, um flerte consciente, uma provocação. Um flerte que conduz o outro por um jardim em cuja extremidade se encontra apenas uma parede, sem nenhum portão que leve a uma alameda escura e interessante; um flerte de quem sabe que aqueles gestos são um sinal falso, de maneira oposta ao flerte como o do exemplo de Sartre, de quem se esquiva de pensar sobre o que implicam suas ações.

Um flerte consciente – a provocação – representa menos má-fé do que um flerte evasivo? Indiscutivelmente, não, porque, no caso, a jovem está enganando o outro. Ela não tenciona *usá-lo* no sentido sexual, porém ela o está usando em algum jogo dela. Talvez ela queira se vingar dos homens em geral, devido ao modo como um ou mais dentre eles a tenha tratado no passado. Talvez ela tenha razões para querer vingar-se desse homem em particular. Mas, sejam quais forem seus motivos, ou a falta deles, usar outra pessoa sem seu consentimento, tratá-la simplesmente como instrumento para atingir os próprios objetivos significa deixar de respeitá-la como ser livre.

Pode-se argumentar que, assim como é autêntico respeitar e afirmar a própria liberdade, é autêntico respeitar e afirmar a liberdade dos outros. Deixar de respeitar a liberdade alheia, como acontece quando provocamos e atormentamos o outro, é incidir em certo tipo de má-fé, é deixar de ser autêntico. A autenticidade, como se viu, não é apenas assunto pessoal, mas também envolve a maneira como nos relacionamos com as outras pessoas. Tanto que o comportamento ético e moral talvez possa ser identificado como *autenticidade em relação ao outro*.

Garçons, atores e atitudes

Outro exemplo de *O ser e o nada* sobre alguém em má-fé é o do garçom. Usando toda a sua habilidade de ficcionista, Sartre pinta um quadro vívido de um garçom em ação. O garçom se move com rigidez de robô, restringindo seus movimentos como se fosse efetivamente uma máquina. Ele anda muito rapidamente em direção aos clientes, mostra-se ansioso e atento. Tem-se a clara impressão de que está interpretando o papel de um garçom. Uma observação comum sobre o garçom de Sartre é que ele incide em má-fé, pois carrega sua performance para negar sua transcendência e tornar-se sua facticidade. Em outras palavras, ele exagera na interpretação para convencer a si mesmo e aos outros que não é uma pessoa, mas um objeto, uma *coisa*-garçom. Como *coisa*-garçom ele fugiria à sua liberdade, e a ansiedade que isso lhe causa o transforma numa espécie de garçom-robô; um objeto feito para ser garçom e nada além de garçom. Ele tenciona se tornar *por si mesmo* o objeto, a função, a transcendência transcendida que ele com frequência desempenha para as outras pessoas no papel de garçom. Ele se esforça para coincidir com a própria representação de si, mas o simples fato de ter de representar a si para si mesmo significa não poder *sê-lo*.

Lutar para ser uma coisa de maneira a fugir à responsabilidade de ser livre é sem dúvida uma forma de má-fé. No entanto, contra essa visão do garçom de Sartre, alguns *nerds* sartrianos, eu inclusive, podem argumentar que, embora o garçom lute para ser uma *coisa-garçom*, ele não incide em má-fé porque a proposta de seu esforço não é fugir à sua liberdade. Indiscutivelmente, ele não está em má-fé por tentar ser um garçom mais do que estaria um ator por tentar ser James Bond. Um exame mais apurado da descrição que Sartre faz do garçom revela que, assim como acontece com um ator, há um sentido definido no fato de ele saber o que está fazendo. Ele age com intenção falsa ou irônica conscientemente – embora não autoconscientemente –, representando um garçom. Como se diz, ele está *brincando*. Ele dá a impressão de ser um garçom; uma impressão tão boa que se torna sua segunda natureza.

Dizer que agir como um garçom é sua segunda natureza não significa que ele acredita que se tornou garçom como uma pedra é uma pedra. Significa que ele se tornou sua *performance*, no sentido de que, quando está absorvido por ela, não percebe que está representando. Diz Sartre que o garçom "representa sua condição de maneira a *percebê-la*".[26]

Ele não quer dizer que o garçom representa sua condição de maneira a transformar-se nela, mas que sua condição só é percebida como representação de sua condição. Como já vimos, uma pessoa não pode se identificar consigo mesma e se tornar de uma vez por todas aquilo que tenciona ser. O garçom não pode nunca *ser* o que é; ele pode apenas representar que é.

Recapitulando o que foi dito nos dois últimos parágrafos, longe de estar em má-fé, o garçom que Sartre descreve é *autêntico*, o que significa exatamente o oposto da má-fé. Como no caso do flerte, ele não foge do que é – a transcendência *de* sua facticidade – pelo esforço de tratar sua facticidade como uma transcendência e sua transcendência como uma facticidade. Em vez disso, ele se esforça para assumir plena responsabilidade pela realidade de sua situação, escolhendo a si mesmo positivamente nessa situação, lançando-se irrestritamente no papel que escolheu. Ele se esforça para abraçar o que Sartre chama, em seu *Diário de uma guerra estranha*, seu "ser-em-situação".[27] Um garçom em má-fé seria alguém relutante e tristonho que fica pensando "Eu não sou realmente um garçom". Seria um garçom que *escolhe* servir as mesas enquanto deseja ser outro e estar em outro lugar.

Lecionei em escola por dez anos. No início, suportei a situação apenas por causa do dinheiro, embora na maior parte do tempo detestasse lecionar. Ficava pensando que aquele não era eu. Mas, sim, era eu, porque eu fazia aquilo. Você não pode alegar ser um escritor, um comentarista esportivo, um astro de cinema ou seja o que for se o que faz realmente a cada dia é dar aulas. Eu estava em má-fé. Para ser autêntico, eu precisava me lançar àquele papel com entusiasmo ou encontrar outra coisa que me sentisse estimulado a fazer. Como na época eu não conseguiria encontrar nada que me desse um salário equivalente, decidi lançar-me com mais entusiasmo ao papel de professor. No começo não foi fácil, mas, no fim, quanto mais entusiasmo eu colocava na tarefa, mais recompensado me sentia, e gostei mais de mim por empreender aquele esforço. Melhorou muito quando me transferi para uma escola onde os professores eram um pouco menos maçantes e os alunos um pouco menos infames. Mudar deliberadamente minha situação não foi um ato de má-fé, mas uma maneira de me apossar do meu ser-em-

-situação de forma mais ampla. A má-fé é reclamar da circunstância sem fazer nada para mudá-la. Um professor em má-fé, ou um garçom, ou um motorista de ônibus, ou um soldado ou um executivo de vendas, todos resistem a abraçar seu ser-em-situação. Porém, o ser-em-situação é um aspecto vital do ser autêntico, e central para o projeto de se tornar existencialista. No próximo capítulo, vamos rever a ideia existencialista do ser-em-situação.

Homossexualidade, sinceridade e transcendência

Em *O ser e o nada*, Sartre desenvolve sua explicação sobre a má-fé com o famoso exemplo de um homossexual. Um personagem que lembra muito o homossexual que Sartre descreve é Daniel Sereno, um dos protagonistas da trilogia de romances que o próprio Sartre escreveu, intitulada *Os caminhos da liberdade*. O homossexual descrito não renega suas preferências e atividades sexuais. Em vez disso, ele nega que a homossexualidade seja o *significado* de sua conduta. Em vez de assumir a responsabilidade por sua conduta de homossexual, ele escolhe caracterizá-la como uma série de aberrações, como mera excentricidade, ou ainda como resultado da curiosidade, e não como uma tendência profunda, e assim por diante.

Ele acredita que um homossexual não é homossexual como uma cadeira é uma cadeira. Essa crença é justificada na medida em que uma pessoa nunca é o que é, mas apenas o que almeja ser a partir de suas escolhas. O homossexual está certo de que não é uma *coisa-homossexual*, mas na medida em que adota uma conduta definida como homossexual, ele é homossexual. Que ele não seja homossexual no sentido de que uma cadeira é uma cadeira não implica que ele não seja um homossexual no sentido de que uma cadeira não é uma mesa. Sartre sustenta que o homossexual "atua sobre a palavra *ser*".[28] Ele interpreta astutamente "não ser o que é" como "não ser o que não é".

O homossexual tenta negar, ao mesmo tempo, que existem vários fatos sobre ele e que certos significados podem estar corretamente ligados a seu comportamento. Ele tenta negar completamente ser sua facticidade. A verdade, contudo, é que ele *é* sua facticidade para sempre, no sentido de *tê-la sido*, no sentido de que *foi*. Ou seja, sua facticidade é seu passado, e porque ela é *seu* passado e de ninguém mais, o homossexual será para sempre responsável por ele. Em outras palavras, embora ele não seja sua facticidade de fato, ele é sua facticidade na medida em que ela é um passado que ele continuamente afirma como seu, por ter sempre que transcendê-lo para o futuro. Em má-fé, ele assume ser pura transcendência, e sua facticidade, seu passado desapareceram no absoluto vazio de um passado generalizado que não tem absolutamente nada a ver com ele. Na verdade, longe de ser pura transcendência, ele é e deve ser a transcendência *de* sua facticidade. Em seu projeto de má-fé, o homossexual tenta abrir uma brecha entre sua facticidade e sua transcendência, quando, na verdade, elas estão estreitamente ligadas, como seu passado e seu futuro.

O homossexual tem um amigo, um defensor da sinceridade, que insiste com ele para que seja sincero, para que saia do proverbial armário e assuma que é *gay*. Assim fazendo, insiste com ele para que considere a si mesmo como uma facticidade, como uma *coisa*-homossexual. Mas, ao insistir com o homossexual para que considere a si mesmo apenas como uma facticidade, o defensor da sinceridade procura estereotipá-lo como *apenas* um homossexual. Naturalmente, o homossexual é homossexual, o termo "homossexual" o descreve corretamente, mas ele não é *apenas* homossexual. É importante repetir, ele não é apenas uma facticidade, mas a transcendência *de* uma facticidade. O defensor da sinceridade quer que o homossexual aplique o rótulo "homossexual" a si mesmo. A razão para estereotipar o homossexual e torná-lo bidimensional é negar-lhe a dimensão de liberdade que o torna um indivíduo; ele faz isso para transcendê-lo e reduzi-lo a uma transcendência transcendida. Uma vez mais, descobrimos a luta pela transcendência, o inevitável conflito que os filósofos existencialistas sustentam estar no centro de todos os relacionamentos humanos.

Em geral, a sinceridade é admirada como uma forma de honestidade e de boa-fé. Sartre, contudo, com seu jeito radical, explica a sinceridade como uma forma de má-fé. Se o homossexual aceitasse o conselho do amigo para ser sincero e admitisse ser *gay*, se ele declarasse "Sou o que sou", ele não superaria sua má-fé. Ele apenas estaria trocando a má-fé de considerar-se pura transcendência pela má-fé de considerar-se pura facticidade. Declarar "Sou o que sou" é afirmar a falácia de que sou uma entidade fixa, enquanto fujo da verdade existencial de que sou um ser ambíguo e indeterminado, de que devo continuamente criar-me a mim mesmo por meio de escolha e ação. Em síntese, é declarar-me facticidade, quando na realidade sou a transcendência *de* minha facticidade – isso é má-fé.

A forma de sinceridade identificada até aqui é relativamente desprovida de sofisticação. Sartre, porém, identifica uma forma de sinceridade mais sofisticada e sinuosa. Ela ainda envolve alguém que declara "Sou o que sou", mas aqui seu objetivo não é ser uma coisa, não é *ser* o que é, mas distanciar-se do que é pelo puro ato de declarar o que é. Ao declarar-se como sendo uma coisa, ele tenciona tornar-se a pessoa que declara que é uma coisa, e não a coisa que ele declara ser. De maneira engenhosa, ele insiste que é uma coisa de maneira a escapar de ser aquela coisa, ou de maneira a se tornar a pessoa que contempla a distância a coisa que deixou de ser.

"Sou muito preguiçoso", admite Fred, tornando-se imediatamente alguém que admite ser preguiçoso, mais do que alguém que é *responsável* pela própria preguiça. Como alguém que adota a forma mais simples de sinceridade, Fred não tenciona ser sua facticidade pela negação de sua transcendência; ele tenciona ser pura transcendência divorciada de sua facticidade. O clássico exemplo dessa forma mais sofisticada de sinceridade é a *confissão*.

A pessoa que confessa um pecado torna seu pecado um objeto de contemplação, que existe apenas porque ela o contempla, deixando de existir quando ela deixa de contemplá-lo. Acreditando ser pura transcendência, a pessoa acredita ser livre para seguir em frente e deixar seu pecado no passado, nas sombras do confessionário, como um pecado desarmado, que não é nem seu nem de sua responsabilidade. A confissão que tenciona a absolvição é má-fé.

Certos grupos religiosos têm usado essa forma de má-fé através dos séculos. Eles oferecem confissão personalizada e serviços de perdão como cura para a doença da culpa que espalharam à sua volta de graça. É uma brilhante estratégia de *marketing* que nunca sai de moda e tem custeado uma profusão de edifícios e quinquilharias extravagantes.

Mas, voltando ao homossexual por um momento, o que ele deveria fazer para evitar persistir na má-fé e aspirar à autenticidade? Como deveria se comportar, que nova atitude deveria adotar? Claramente, ele estará em má-fé se continuar negando que a homossexualidade é o significado de sua conduta. Estará igualmente em má-fé se continuar insistindo que não é responsável por *ser* homossexual, uma *coisa*-homossexual; como se ter certa preferência sexual o *forçasse* a fazer aquilo que ele faz. Estará ainda em má-fé se confessar que "tem sido" homossexual, como um modo engenhoso de aspirar a não ser mais homossexual. Como no caso do flerte, o caminho do homossexual para sair da má-fé não é de fato complicado, embora ele possa achar muito difícil trilhá-lo. Ele tem de aceitar ser homossexual, não rotulando a si mesmo como *coisa*-homossexual, mas aceitando que sua conduta o caracteriza como homossexual, e não como bissexual ou heterossexual, ou qualquer outra espécie sexual. Mais importante, ele tem de aceitar que cabe a si *escolher* a própria conduta. Ele poderia ter escolhido comportar-se de maneira diferente, porém não o fez. Ele é responsável por sua conduta e, para ser autêntico, deve *assumir a responsabilidade* por ela. Ele deve aceitar que ela é uma parte de si mesmo, e que sempre será. Ele deve ser ele mesmo.

Sem dúvida, o problema profundo que o homossexual de Sartre apresenta é que ele não quer ser o homossexual que, no entanto, escolheu ser mediante suas ações. Isso é certamente verdadeiro em relação ao personagem homossexual de Sartre Daniel Sereno. Daniel é, como alguns dizem, confuso, mas, se você quiser saber mais sobre ele, deve ler os romances de Sartre. Para superar sua má-fé, o homossexual de Sartre deveria assumir o passo emocionalmente difícil de querer ser o homossexual que seus desejos e suas escolhas o tornaram. Ele deve deixar de lamentar sua homossexualidade e passar a afirmá-la. Em parte, o projeto de ser existencialista consiste em querer ser o que é pelo modo como escolhem agir, que é oposto ao de apresentar desculpas pelas próprias ações. Existe um estreito vínculo entre a autenticidade e a recusa de se lamentar, o qual abordarei no próximo capítulo.

O homossexual pode bem precisar de ajuda para pôr em prática uma mudança de atitude tão radical. Ajuda não de um defensor da sinceridade, que quer justamente depreciá-lo, levando-o a rotular a si mesmo, mas de um verdadeiro amigo, ou mesmo de um conselheiro existencial! Sim, existem pessoas que atuam como conselheiros existenciais! Elas praticam um método chamado *psicanálise existencial*, inventado por Sartre e desenvolvido pelo psiquiatra R. D. Laing. Os existencialistas são um bando de pragmáticos realistas, mas isso não significa falta de compaixão ou de interesse real em usar seus *insights* sobre a condição humana para ajudar as pessoas a se *ajudarem* a superar suas deficiências e começarem a viver uma vida mais honesta e positiva, menos atrelada ao remorso.

De certo modo, este livro é um exercício de terapia existencial, ainda que apenas ofereça recomendações de como ser existencialista. Isso não significa que você deva lê-lo num sofá de couro, enquanto paga para um bobo que concorda com tudo. A terapia existencial será o foco do capítulo final.

Ignorância intencional

Num livro chamado *Verité et existence* [Verdade e existência], que escreveu alguns anos depois de *O ser e o nada*, Sartre volta uma vez mais ao tema da má-fé. Nesse novo livro ele explora as estratégias de fuga e de distração do ser empregadas pelas pessoas para evitarem a verdade e permanecerem ignorantes acerca de sua real situação, e argumenta que, no fundo, a má-fé é ignorância intencional, que tem por objetivo evitar a responsabilidade. Conforme observa Sartre, a ignorância não é falta de conhecimento. Na verdade, é um tipo de conhecimento. Escolher ignorar a realidade é confirmar que ela é passível de ser conhecida. Diz Sartre que "a ignorância em si mesma, como um projeto, é um modo de conhecimento, pois, se pretendo ignorar o ser, é porque estou afirmando que ele é conhecível".[29] A ignorância é motivada pelo medo e pela ansiedade de saber que o conhecimento da dura realidade é sempre possível, está sempre à espreita. Segundo o ponto de vista de Sartre, e também o de Nietzsche, conhecer a verdade, conhecer o modo como as coisas são e enxergar a vida como ela é não requer excepcional inteligência, mas, antes, honestidade e coragem em face da realidade.

Para ajudar na compreensão de sua teoria da má-fé e da ignorância intencional, Sartre nos dá o exemplo de uma mulher tuberculosa. A mulher se recusa a admitir que tem a doença, apesar de apresentar todos os sintomas – cansaço, perda de peso, suores noturnos, dores no peito, tosse com sangue. Ela considera cada sintoma isoladamente, recusando-se a reconhecer o que significa o conjunto deles. Ela se deixa absorver por diferentes atividades de modo a justificar sua falta de tempo para ir ao médico, atividades que a distraem de fazer as escolhas exigidas pela sua situação. Seus sintomas a colocam no limiar de um novo conhecimento, mas ela escolhe a ignorância, uma vez que não quer assumir a responsabilidade de estar com tuberculose, nem a de procurar curar-se, como esse novo conhecimento demandaria. Em sua recusa de enfrentar sua situação, em sua distração e fuga da responsabilidade, ela se assemelha ao exemplo que Sartre nos deu sobre o flerte.

Para Sartre, eximir-se da ignorância deliberada e da irresponsabilidade e assumir com coragem as verdades existenciais da condição humana – nosso estado de abandono num universo sem Deus, nossa liberdade, responsabilidade, mortalidade, e assim por diante – significa superar a má-fé, em prol da autenticidade.

O que emerge de maneira muito nítida particularmente nas obras de ficção de Sartre – seus contos, peças e romances – é que as pessoas em má-fé "não sabem que nasceram", ou melhor, as pessoas que "não sabem que nasceram" estão em má-fé. Segundo Sartre, há uma tendência generalizada entre as pessoas em evitar confrontar-se com aquilo que a vida realmente é, um esforço desesperado e por vezes até violento para ignorar as duras verdades existenciais da condição humana. Uma dessas duras verdades existenciais que as pessoas procuram negar e ignorar, na própria maneira como vivem a vida, é o que Sartre e outros filósofos chamam de *contingência*. Muito se pode aprender sobre a má-

-fé, sobre muitas formas de comportamento humano, se analisarmos a contingência e várias reações inautênticas do ser humano em relação a ela. Portanto, o que é contingência?

Contingência, náusea e o Alka-Seltzer existencial da má-fé

A contingência é o estado do ser contingente, desnecessário, acidental. O que é contingente não é necessário, não precisa ser, ou ser como é. Sartre identifica a contingência como um aspecto fundamental do universo, um fato essencial da existência como um todo, e explora esse fenômeno em detalhes, especialmente em seu mais conhecido romance, *A náusea*, obra que ele classificou como seu *"factum* sobre a contingência"; *"factum"* é um termo que ele adotou para descrever qualquer forma de análise implacável.

Embora na opinião de Sartre a existência como tal seja incriada e independente de qualquer coisa para existir, ela não é necessária. Mas não se trata de que ela não seja, mas, sim, de que não existem leis lógicas ou físicas, ou de qualquer outra natureza, que determinem que ela deva ser. Ela *é*, embora seja desnecessária, e, sendo assim, é contingente. Para Sartre, a existência é contingente no sentido de ser absurdamente supérflua. Ela é um grotesco acidente cósmico que não precisa existir, embora exista; existe sem nenhuma razão e nenhum propósito.

A consciência humana percebe de forma aterradora estar submersa numa existência absurda, sem finalidade, supérflua e contingente. Sartre chama essa percepção terrível de "a náusea" – daí o título de sua maior obra-prima. A consciência humana, por assim dizer, é até mesmo mais contingente que a existência contingente do mundo, uma vez que, não sendo em si mesma, existe apenas em *relação* à contingência, como um mero reflexo de algo gratuito. Sofrer a náusea significa experimentar um estado horrível de existência nua, supérflua, que não apenas envolve a pessoa, mas que é ela mesma – sua mente e seu corpo.

Nas palavras de Antoine Roquentin, protagonista de *A náusea*, "as coisas vão mal! As coisas vão muito mal: estou com ela, a porcaria da náusea. E desta vez foi diferente: ela me veio num café. Até agora, os cafés eram meus únicos refúgios porque são cheios de gente e bem iluminados".[30] Em *Que loucura!*, uma coletânea de contos, o cineasta Woody Allen recomenda uma enorme pílula de Alka-Seltzer existencial, do tamanho da calota de um carro, como remédio para a náusea causada por uma hiperconsciência da contingência de cafés, parques, ruas, ônibus, pessoas e a vida em geral. A pílula também pode ser útil depois de comer comida mexicana, diz Allen.

A sociedade humana, por meio de um grande esforço, almeja constantemente suprimir a contingência pela imposição de propósitos e significados em relação ao mundo. E, muitas vezes, consegue fazê-lo mediante a nomeação e a categorização das coisas. Ao nomear algo, as pessoas acreditam ter captado seu sentido, atribuindo-lhe significado, apanhando sua essência, e, assim, removido a contingência da sua existência anônima. Todos nós fazemos isso. Por exemplo, vemos um inseto desconhecido no jardim. Vamos consultar o manual disponível sobre a vida no campo, descobrimos seu nome científico e nos sentimos satisfeitos por ter descoberto do que se tratava, por ter compreendido e colocado o inseto em seu devido lugar. Porém, esse ritual de nomeação realmente tornou o inseto menos misterioso, menos passível de ser considerado um acidente cósmico?

A verdade, segundo os filósofos existencialistas, é que as coisas só têm significado e propósito em relação às outras coisas, enquanto o conjunto só tem o significado e o propósito relativos que, em última análise, nossas atividades despropositadas lhe atribuem. Vistos como são em si mesmos, separadamente dos sistemas instrumentais que lhes dão a função ou estrutura de significados que parecem explicá-los e justificá-los, os objetos são incompreensíveis, peculiares, estranhos e até mesmo perturbadores em sua contingência. Para Sartre, a contingência é misteriosa, e estar ciente dela equivale a estar consciente do insondável mistério do ser.

Se você acha que existencialismo e misticismo não têm nada em comum, fique zen e pense novamente. O filósofo Schopenhauer, que teve grande influência sobre Nietzsche e o existencialismo em geral, foi fortemente influenciado pelo budismo. Existem muitas similaridades entre as reflexões existencialistas e budistas sobre a vida. Seria necessário outro livro para explorá-las adequadamente, portanto aqui apenas sugiro a você que leia alguns dos excelentes trabalhos que foram escritos sobre o assunto, entre os quais *Lack and Transcendence: The Problem of Death and Life in Psychotherapy, Existencialism and Buddhism* [Falta e transcendência: o problema da morte e da vida em psicoterapia, existencialismo e budismo], de David Loy, ou *Nothingness and Emptiness: A Buddhist Engagement with the Ontology of Jean-Paul Sartre* [O nada e o vazio: um compromisso budista com a ontologia de Jean-Paul Sartre], de Stephen Laycock. Eles ocuparão você por um bom tempo.

Sartre não recomenda às pessoas que sejam como Antoine Roquentin, o protagonista de *A náusea*, sempre repisando de modo obsessivo a contingência, sempre lutando por viver sob a perspectiva da eternidade num mundo absurdo e desprovido de sentido. Esse caminho leva à loucura. O próprio Sartre, como a maioria das pessoas na maior parte do tempo, viveu e atuou no mundo dos significados e propósitos relativos. Como a maioria das pessoas na maior parte do tempo, ele manteve a sanidade e o senso de perspectiva direcionando a atenção para cada tarefa, para o empenho diário de fazer o que tinha que ser feito, o que para ele significava principalmente sentar em cafés e escrever. Ele não era bom em sair para fazer compras com fins terapêuticos nem na arte do faça-você-mesmo, e sem dúvida nunca aparou a grama nem lavou um carro em toda a sua vida, porém estava sempre ocupado.

Ele acreditava, no entanto, que a consciência ocasional ou retrospectiva da contingência é vital para quem deseja alcançar certo grau de autenticidade e evitar viver mentiras. A filosofia de Sartre é caracterizada por certo rancor e desconfiança em relação às pessoas, principalmente as de classe média (burguesas), que parecem totalmente inconscientes da contingência da vida; ou pessoas que alguma vez vislumbraram a contingência da vida e se aterrorizaram com ela passando a evitá-la. O projeto fundamental dessas pessoas é o de fugir da própria contingência e da contingência do mundo, passando a agir em má-fé.

O mundo, dizem elas em má-fé, não é contingente, mas criado, e tem a humanidade como elemento central. Elas consideram que têm uma essência imortal, que sua existência é inevitável, que existem por algum decreto divino, e não por acidente. Acreditam que a moral e os valores sociais que abraçam são objetivos, absolutos e inquestionáveis. Acreditam que a sociedade está embasada nesses valores absolutos e que o modo como as coisas são em sociedade constitui a única realidade possível. Todas elas devem reivindicar o direito absoluto de serem respeitadas pelos outros, e contar com o respeito dos outros mantém nelas a ilusão de que seu dever é, sem dúvida, o de cumprir o papel que lhes foi prescrito pela sociedade e identificar-se totalmente com esse papel. Elas aprendem a se ver apenas como os outros as veem, evitando pensar sobre si mesmas a partir de qualquer ponto de vista filosófico. Insistir sobre a estranheza e a contingência de sua existência está estritamente fora de questão. Na medida do possível, elas evitam pensar sobre absolutamente qualquer coisa, a não ser em nível muito mundano e estereotipado. Você provavelmente já encontrou pessoas assim. É possível reconhecê-las por sua conversa. Quando fala com elas, você sente que está acompanhando um roteiro que permite listar os fatos mundanos e impedir qualquer discussão, análise, introspecção e voos da imaginação.

O filósofo existencialista Søren Kierkegaard escreveu sobre pessoas que sofrem do que ele chama de "loucura objetiva". Tais pessoas não existem na realidade, porque se perderam completamente na objetividade, na preocupação com os fatos: chegam mesmo a considerar a si mesmas como apenas um fato a mais. Kierkegaard contrasta a "loucura objetiva" com a "loucura subjetiva", aquela que comumente se entende como loucura. Para Kierkegaard, a pessoa que sofre de loucura objetiva é muito menos humana, tem muito menos alma do que a pessoa que sofre de loucura subjetiva. O louco subjetivo é sempre humano, e sua loucura revela uma alma viva.

Um bom exemplo de loucura subjetiva é Dom Quixote. Um bom exemplo de loucura objetiva é a ex-primeira-ministra britânica Margaret Thatcher, embora a maioria dos políticos possa vestir a carapuça. Até certo ponto, Dom Quixote é muito mais real como personagem de ficção do que Margaret Thatcher o é enquanto personagem factual. Escreveu Kierkegaard:

> Um piscar de olhos de um louco [com loucura subjetiva] basta para levar alguém a temer cair nas profundezas de seu delírio; mas ninguém ousa olhar para um louco [com loucura objetiva], por medo de descobrir que ele tem olhos de vidro e cabelos feitos de trapos de tapete; que ele seja, enfim, um produto artificial.³¹

Bigodes e *salauds*

Os personagens de Sartre que manifestam aquilo que Kierkegaard chamou de "loucura objetiva" costumam ter bigode. Segundo Sartre, o bigode se torna o emblema de homens que pensam pouco, desprovidos de vida interior. Um homem não pode ver o próprio bigode, pelo menos da maneira como os outros o veem, assim o bigode existe principalmente para os outros, e um homem com bigode é alguém que tenciona existir para os outros mais do que para si. À medida que é típico do burguês se empenhar em *ser* seu papel social, o bigode, para Sartre, se torna o emblema do cavalheiro de classe média superficial, convencido, respeitável e reacionário.

> O fino cavalheiro existe, a Legião de Honra existe, o bigode existe e isso é tudo; como deve ser feliz quem não é nada além de uma Legião de Honra e um bigode, e o resto ninguém vê; ele vê as duas pontas de seu bigode dos dois lados do nariz; não penso, logo sou um bigode.³²

Talvez Sartre tenha sido duro demais com os homens que têm bigode. Talvez tivesse ciúme por não poder ter ele mesmo um bigodão de macho. Quanto a mim, estou certo de que a história está cheia de pessoas autênticas, inclusive verdadeiros existencialistas, que tinham bigode. Penso também em Nietzsche, com seu bigode enorme. No entanto, se quiser ser existencialista e tiver bigode, você precisa pensar com firmeza por que resolveu tê-lo, por que costuma barbear todo o rosto exceto aquele pedacinho entre a boca e o nariz. (Não tenho certeza de onde Sartre se barbeava.)

Mas, certamente, não vou aconselhá-lo a raspar o bigode. Se tornar-se existencialista fosse tão fácil como seguir regras tacanhas sobre a presença ou a ausência de pelos faciais, haveria milhões de existencialistas procurando dominar o mundo, em vez de apenas um punhado quase extinto de gatos pingados se escondendo em cafés baratos e em sótãos escuros. Repito: ser existencialista não tem tanto a ver com o que você faz, e sim com a atitude com a qual você faz. Como sempre, a *escolha* é sua.

A mais profunda negação da contingência, a má-fé mais extrema, foi identificada por Sartre naquele tipo de gente que ele classificou como *salaud* – palavra francesa para designar canalhas ou bastardos. Sartre esmiúça o desenvolvimento pessoal de um típico *salaud* num conto brilhante, intitulado "A infância de um chefe".[33] Um *salaud* está tão longe de ser um verdadeiro existencialista quanto se pode imaginar.

O conto narra o desenvolvimento emocional, psicológico, social, sexual e moral de um burguês privilegiado, Lucien Fleurier, desde a infância até a idade adulta. A infância e a adolescência de Lucien são caracterizadas pelo empenho de compreender quem ele é, de se encontrar e se definir, de dar a si uma solidez e realidade que possam substituir a vagueza e a falta de substância de que ele se ressente. Sentindo-se indeterminado e contingente, ele reconhece a verdade existencial de que não é nada em si. Como qualquer pessoa, ele deve representar ser aquilo que é, uma vez que não pode simplesmente *ser* aquilo que é. No entanto, como muita gente, Lucien não gosta dessa percepção da própria contingência, que o torna inquieto e ansioso. À medida que cresce, ele tenta várias estratégias para superar tal percepção, escolhendo finalmente pensar e agir em profunda má-fé, forçando-se a acreditar na ilusão da própria necessidade e determinação.

Lucien atribui uma experiência homossexual que teve na adolescência às ideias de Sigmund Freud, que por acaso é judeu. Convivendo num ambiente antissemita, é fácil para Lucien convencer-se de que as ideias perigosas e pervertidas do judeu Freud corromperam sua saúde moral na época, induzindo-o àquela experiência *gay*. Ele passa a adotar o antissemitismo como forma de fugir de seus desejos homossexuais.

O que ele de fato teme e odeia são seus desejos, mas para odiá-los seria necessário reconhecer que ele os tem, então, em vez disso, passa a odiar os judeus.

Ele desfruta a segurança e a respeitabilidade de sua poderosa família, aguardando o dia em que herdará a fábrica do papai e será respeitado pelos operários. Adota a mesma visão positiva sobre o capitalismo que tem o pai, assim como seu nacionalismo e, sobretudo, seu antissemitismo. Liga-se, então, ao movimento fascista francês e participa da agressão a um imigrante num ataque motivado por racismo. Como membro dessa tribo agressiva, machista e anti-intelectual, sente-se forte e orgulhoso, e usufrui do senso de pertencimento. Se antes procurou sua identidade *pessoal*, agora está feliz em assumir uma identidade garantida e confirmada pelo grupo.

Menosprezando furiosamente os judeus, o que equivale a uma medalha de honra entre os seguidores do fascismo, ele não apenas encontra um bode expiatório para suas ações do passado, mas também passa a se ver como substancial e importante em relação àqueles que despreza. Orgulha-se de não ser membro de uma raça desprezada, mas, sim, um francês com um sobrenome bem francês e uma respeitável ancestralidade. Seu antissemitismo, por mais irracional e infundado que seja, o transforma num homem de convicção. Suas convicções o definem, dando-lhe solidez; elas demandam o respeito dos outros.

A transformação da autoimagem de Lucien, a construção de seu falso objeto-ego são por fim completadas quando, insatisfeito com seu rosto bonito e infantil, ele resolve deixar crescer o bigode. Sua inclinação para a má-fé, que já era crônica, também se completa de maneira covarde e moralmente repugnante. Ele se torna um *salaud*, um completo canalha. Convenceu-se, além disso, de que sua existência não é acidental, mas essencial, e que tem *direitos* sagrados assegurados por Deus e por sua nação, entre os quais o direito de ter opiniões e preconceitos inquestionáveis, de ter sua necessária existência confirmada pelo respeito dos outros, especialmente daqueles que lhe são socialmente inferiores.

O desdém de Sartre pelos *salauds* atinge o auge em *A náusea*, quando o protagonista do romance, Antoine Roquentin, visita um museu a fim de contemplar os retratos dos ancestrais respeitáveis e submissos de Bouville – uma cidadezinha meio perdida nas cercanias do porto francês de Le Havre, onde Sartre viveu por vários anos. Antoine então percebe que esses retratos constituem uma mentira vã, arrogante e absurda. Eles representam aqueles anciãos como sendo maiores, mais poderosos, substanciais e significativos, e infinitamente menos contingentes, do que de fato foram na vida real. Ao se deixarem retratar dessa forma, é como se tentassem convencer a si mesmos e aos outros que eram necessários e indispensáveis; de que tinham um lugar concedido por Deus no universo e na sociedade; e, acima de tudo, de que tinham *direitos*. Em *Sartre: Romantic Rationalist* [Sartre: racionalista romântico], Iris Murdoch* escreveu:

> Seus rostos eram *éclatant de droit* – resplandecentes de direitos. Suas vidas tinham um verdadeiro significado *outorgado*, ou assim eles imaginavam; e ali estavam eles, com todo aquele sentido de necessidade adicional com o qual os pintores pensam ser capazes de dotá-los.[34]

Apesar de mortos, faz sentido que os anciãos ainda tentem convencer o mundo de sua superioridade e de seus méritos. Os retratos têm o efeito ilusório de que essas pessoas não morreram de fato, mas meramente transcenderam para uma classe social mais alta e mais respeitável. A classe da superburguesia. Eles são como as pessoas de classe média no filme *O sentido da vida*, do grupo Monty Python, que morrem envenenadas depois de comerem musse de salmão. Quando o Ceifador Sinistro lhes pede que sigam até o paraíso da classe média a bordo de um Volvo, um Rover e um Porsche, um casal em cada carro, não lhes ocorre viajar no mesmo automóvel em sua última viagem. Casualmente, o paraíso da classe média é um hotel cinco-estrelas com uma enorme área de lazer, onde é sempre Natal.

Os *salauds* e a profunda má-fé que os caracteriza estão bem resumidos em *A náusea* no relato sarcástico de Sartre (ou de Antoine) sobre Jean Pacôme, um dos mais eminentes dentre os defuntos cidadãos de Bouville:

---

* Escritora e pensadora irlandesa (1919-1999). (N. da T.)

> Não tinha nenhum direito de existir. Apareci por acaso, como uma pedra, uma planta, um micróbio [...] Mas para esse homem bonito e impecável, agora morto, para Jean Pacôme, o filho do Pacôme do governo de Defesa Nacional, ele tinha sido uma coisa inteiramente diferente: a batida de seu coração e o ruído monótono de seus órgãos soavam para ele como puros pequenos direitos. Por sessenta anos, sem falhar um só um momento, ele fez uso do seu direito de viver. Esses magníficos olhos acinzentados não se enevoaram nunca pela mais leve dúvida. Nem Pacôme havia cometido um só erro.[35]

Como alguém que sempre reconheceu que a vida carece de significado ou propósito, Sartre era fascinado pelas mentiras e pela má-fé com as quais os *salauds* procuram dar à sua vida significado e propósito. Seu *alter ego*, Antoine, não sente senão desprezo pelo ridículo tira-e-põe de chapéus e a tagarelice preguiçosa com que as pessoas condescendem em matar o tempo na exclusiva rua Tournebride, nas manhãs de domingo:

> Vejo chapéus, um mar de chapéus. Em sua maioria, são pretos e firmes. De repente, vê-se uma mosca pousar revelando o brilho passageiro de um crânio; então, depois de um instante de voo desajeitado, a mosca pousa novamente... "Bom dia, senhor. Bom dia, caro senhor, como tem passado? Coloque novamente o chapéu, senhor, é perigoso resfriar-se. Obrigado, senhora, não faz muito calor, não é?"[36]

Naturalmente, se a vida é um acidente cósmico absolutamente sem sentido nem finalidade, então rituais como o de tirar e pôr chapéus e o da indolente conversa fiada não são mais absurdos do que qualquer outra coisa que se faça, e são uma boa maneira de passar o tempo entre o nascimento sem finalidade e a morte sem significado.

Em boa parte como reação à sua educação burguesa, Sartre despreza de maneira intransigente a má-fé que tanto caracteriza as classes médias, mas cabe perguntar: o que há de tão errado na má-fé em nível mundano? A má-fé fornece estratégias de enfrentamento, é um anteparo contra aquele tipo de ansiedade que torna o protagonista Antoine tão infeliz. Mesmo Nietzsche, o grande defensor da autenticidade, reconhece em *Além do bem e do mal* "a *estreiteza de perspectiva*, e daí certa estupidez de sentido como condição da vida e do crescimento".[37]

Sartre certamente responderia à questão "O que há de errado na má-fé?" afirmando que ela é irracional, preguiçosa e negadora da vida, que ela oprime a verdade e o espírito humano livre, que é um mal corriqueiro, porém central, para a hipocrisia e a irresponsabilidade que causam tanto sofrimento, problemas e conflitos no mundo. A história, diríamos, é marcada pela injustiça e pela violência, muitas vezes injustiça e violência perpetradas pelas pessoas do povo simples. Elas agem em profunda má-fé quando dão aquelas desculpas tão conhecidas do tipo "Eu estava apenas fazendo meu trabalho", "Eu estava apenas cumprindo ordens", "Eles me obrigaram a fazer isso", "Eu nada pude fazer para ajudar".

Delineei anteriormente atitudes e comportamentos que você deve *evitar* caso queira ser um verdadeiro existencialista. Agora é hora de enfocar o que você realmente deve *fazer* de modo positivo para ser um verdadeiro existencialista, além de conhecer o existencialismo e arduamente assumi-lo. Com certeza não é mais segredo que ser um verdadeiro existencialista tem muito a ver com ser autêntico, ou, mais precisamente, com comportar-se de maneira autêntica. Assim, sem mais delongas, ofereço a você o capítulo final deste guia de autoajuda peculiar, que, espero, possa pelo menos colocá-lo no rumo de uma existência autêntica.

Uma coisa é ler e escrever sobre existência autêntica, outra, muito mais difícil, é conseguir chegar a ela, e eu mesmo não afirmo ter chegado, embora acredite ter me aproximado dela em alguns poucos momentos de minha vida. Não sou um guru, ou algo assim, uma vez que o existencialismo e ser existencialista não implicam absolutamente *seguir* pessoas, e menos ainda de maneira cega. O existencialismo não é uma religião, como bem sabemos. Mas, se você quiser me enviar dinheiro, como certas pessoas fazem com aqueles gurus da Índia, por favor, vá em frente. Pense em mim, neste pequeno livro, mais como um guia; um guia frágil e vacilante sobre a relva, numa esquina tranquila de algum lugar na Inglaterra; um guia que por algum motivo está apontando o caminho para Alfa Centauro. Para alcançar as estrelas.

4
Como ser autêntico

Se aprendemos algo sobre autenticidade, é que ela é o oposto da má-fé. Má-fé é inautenticidade. Aprendemos também que a autenticidade é algo distinto da sinceridade. A sinceridade é uma forma de má-fé. Os exemplos de Sartre sobre pessoas em má-fé revelam que o aspecto mais flagrante da inautenticidade é *a tentativa de fugir da responsabilidade*. O exemplo do flerte mostra as tentativas da jovem de fugir da responsabilidade por sua situação presente, enquanto o exemplo do homossexual revela as tentativas do rapaz de fugir à responsabilidade por suas ações passadas. Como no caso das pessoas sinceras à maneira do defensor da sinceridade, os jovens desses exemplos admitem ser uma coisa como forma dissimulada de furtar-se à responsabilidade por ela.

Pessoas inautênticas mantêm o projeto particular de evitar a responsabilidade por sua situação presente ou por suas ações passadas, recusando-se, em atitude de má-fé, a admitir que são responsáveis por elas. Ou, mais especificamente, recusam-se a admitir a inabilidade do eu de estar em concordância consigo mesmo enquanto facticidade ou pura transcendência. Recusam-se a admitir a liberdade ilimitada, ou quase ilimitada, do eu, assim como as implicações dessa liberdade. Recusam-se a reconhecer que uma pessoa sempre deve escolher o que ser porque é simplesmente incapaz de *ser* o que é. Como sabemos, uma pessoa não pode deixar de escolher suas reações a uma situação, e, como as reações à situação são escolhidas, ela é responsável pelas próprias escolhas. A simples decisão de não fazer nada é uma escolha pela qual a pessoa é responsável.

Ser autêntico e cair na real

A inautenticidade é a negação da verdade existencial fundamental de que somos livres e responsáveis, ao passo que a autenticidade é a aceitação ou afirmação dessa verdade existencial fundamental. A autenticidade implica confrontar-se com a realidade e enfrentar a dura verdade de que, o tempo todo, somos seres livres que jamais conseguirão coincidir com si mesmos. Enquanto a pessoa inautêntica tenta evitar reconhecer que essa é a verdade fundamental da vida, a pessoa autêntica não apenas a reconhece, como se esforça para chegar a um acordo com ela e até a tratá-la como fonte de valores. A pessoa autêntica responde plenamente ao apelo de ser realista, que permeia o existencialismo. Em *Diário de uma guerra estranha*, Sartre observa que a autenticidade "consiste em adotar a realidade humana como a sua própria".[38] Ou seja, a autenticidade consiste em abraçar a realidade humana como ela é e viver de acordo com ela, sem pretender que seja outra coisa: um lindo conto de fadas no qual os sonhos se transformam em realidade sem esforço, as dívidas não precisam ser pagas, cavaleiros em brilhantes armaduras se apressam em prestar socorro e todos vivem felizes para sempre.

Como uma conversão radical em que a pessoa *afirma* aquilo que de fato sempre foi – um ser livre e responsável que não coincide consigo –, adotar a realidade humana como sua implica uma mudança radical de atitude em relação a si mesma e à sua inevitável *contextualização*. Em vez de exercitar sua liberdade de maneira a negá-la, em vez de agir com má-fé e escolher não escolher, a pessoa autêntica *assume* sua liberdade e a reconhece de maneira positiva.

Assumir a liberdade implica que a pessoa assuma total responsabilidade por si mesma em qualquer situação na qual se encontre. Implica aceitar sem queixas que sua situação é essa e não outra; que essa situação é a facticidade, em cujos termos deve então escolher a si mesma. Se a pessoa não estiver presa, poderá rejeitar sua situação, fugindo dela – muitas vezes bater em retirada é uma opção sábia, mas ainda assim trata-se de uma escolha. Uma escolha que dá origem a novas situações e à necessidade de novas escolhas. À exceção do suicídio – a mais terrível dentre todas as escolhas –, não é possível não estar em situação, e toda situação exige uma escolha. Acima de tudo, para assumir sua liberdade, a pessoa deve perceber que, uma vez que não é nada à maneira de sê-lo, ela nada é senão as escolhas que faz em sua situação.

Ser-em-situação

Em *Diário de uma guerra estranha*, Sartre escreve sobre Paul, um amigo inautêntico, soldado. Paul não é soldado no sentido de *coisa*-soldado, mas, como serve em um exército, "soldado" é o significado de sua conduta. Diz Paul: "Eu, soldado? Considero-me um civil disfarçado de militar".[39] Essa afirmação revela que Paul não assume a responsabilidade por suas escolhas. Segundo Sartre, "desse modo ele continua a *fugir* teimosamente daquilo que *faz de si mesmo*".[40] Paul foge daquilo que está fazendo de si mesmo – um soldado – em direção ao civil inexistente que fantasia ser.

Paul é um exemplo do que Sartre chama de "consciência fustigada".[41] Ele não aceita seu "ser-em-situação".[42] Negando ser apenas uma resposta à própria facticidade, Paul invoca como justificativa sua facticidade. Ele escolhe se ver como facticidade, como uma entidade fustigada pelas circunstâncias. Deixando de ser como Paul e aceitando seu ser-em-situação, a pessoa deixa de ser uma consciência fustigada, assume o controle e se torna autêntica. A seguinte passagem de *Diário de uma guerra estranha* resume melhor do que qualquer outro escrito de Sartre o que ele considera autenticidade:

> Ser autêntico é perceber claramente seu ser-em-situação, não importa qual seja a situação: com a profunda consciência de que, através da percepção autêntica do ser-em-situação, a pessoa cria de um lado a situação e de outro a realidade humana. Isso pressupõe um paciente estudo do que a situação requer e a seguir um modo de lançar-se a ela, determinando a si mesmo "ser-para" a situação.[43]

Imagine uma realidade alternativa, na qual Paul fosse autêntico. Como o Paul autêntico se comportaria? O Paul autêntico compreenderia que sua situação presente requer dele desempenhar o pleno papel de soldado. Isso não significa *fingir* ser soldado. Fingir ser soldado é o que faz o Paul inautêntico ao considerar a si mesmo um civil disfarçado de militar. Desempenhando plenamente o papel de soldado, o Paul autêntico almeja ser soldado o tempo todo, tornando-se "ser-para" a situação militar e entregando-se a ela. Ele não acredita que é um soldado como se fosse um, mas não descrê que seja soldado como se acreditasse ser outra coisa; outra coisa que não seu papel atual. Pode-se dizer sobre Paul o mesmo que já se disse sobre o garçom de Sartre: ele se entrega de tal modo à sua *performance* que não reflete sobre o fato de estar atuando. Ele se torna sua *performance*, e essa atitude implica a suspensão da descrença.

O Paul inautêntico é cheio de desculpas. Ao afirmar que não é soldado de verdade, mas um civil disfarçado, ele quer se livrar da responsabilidade pela situação em que se encontra e pelas atitudes que toma nessa situação. No entanto, se uma pessoa pretende ser autêntica, deve reconhecer que não há desculpas para seus atos; e ainda que fosse possível desculpar alguns de seus atos, pois ninguém pode ser responsabilizado por tudo o que faz, ela não arrumaria desculpas. Para ser autêntica, a pessoa deve resistir voluntariamente a qualquer desejo de encontrar desculpas. Disse Sartre: "Naturalmente, trata-se não apenas de *reconhecer* que não há desculpas, mas também de não *desejá-las*."[44] Talvez as desculpas possam ser justificadas algumas vezes e outras não – isso tem dividido os filósofos existencialistas. O que importa, se você pretende encontrar o Santo Graal da autenticidade, é deixar de arrumar desculpas de uma vez por todas, assim como um ex-alcoólatra tem de parar de beber para sempre.

O Paul autêntico não só reconhece que em sua atual situação não há desculpas para não desempenhar o papel de soldado, como também não quer que haja desculpas. Para ser verdadeiramente autêntico, Paul deve compreender seu ser-em-situação sem se lamentar. Se o Paul autêntico não deseja estar onde está, deve abandonar sem lamentações esse lugar ou situação e encarar também sem lamentar as consequências de uma deserção. Se resolver ficar onde está, deve assumir a responsabilidade por essa decisão e entrar no espírito da coisa. Em *Diário de uma guerra estranha*, Sartre narra como ele mesmo tentou fazer isso. Em vez de reclamar por ser um sofisticado intelectual parisiense obrigado pelas circunstâncias a juntar-se a um batalhão do exército enviado ao fim do mundo, ele procurou tirar o melhor da situação, dedicando-se sem remorsos ao papel de "soldado" que desempenhava na época – embora um soldado com poucas incumbências, muitas vezes com liberdade para ler e escrever dezesseis horas por dia. Sartre tinha tanto tempo livre durante a "guerra falsa" que precedeu a invasão da França pela Alemanha, em 1940, que se supõe que tenha escrito um milhão de palavras em oito meses.

A ideia de que viver autenticamente implica viver sem lamentações é central à visão de autenticidade de Nietzsche. Mais adiante veremos o que ele tem a nos dizer.

A liberdade como valor

Para se tornar autêntica, a pessoa deve aceitar que jamais estará de acordo com si mesma, que nunca se tornará uma espécie de *coisa* que não precisa mais escolher o que ser. No entanto, a autenticidade não implica que a pessoa abandone o desejo de unicidade, substancialidade e fundamento. O desejo de ter um fundamento, de ser seu próprio fundamento, é essencial para a vontade do ser humano, de modo que não pode ser abandonado. Sartre disse: "O primeiro valor e o primeiro objeto da vontade é ser seu próprio fundamento. Isso não deve ser compreendido como um desejo psicológico vazio, mas como a estrutura transcendental da realidade humana".[45] Qualquer tentativa de abandonar completamente o desejo de fundamento acaba num projeto *niilista*. Ao tentar escapar do desejo de fundamento, a pessoa só pode aspirar a não ser nada.

Longe de mostrar boa-fé, um niilista que diz a si mesmo que não é nada está, na realidade, agindo com má-fé. Sua má-fé consiste na falsa crença de que ele é seu próprio nada, um nada-em-si, quando na verdade seu nada não passa de um relacionamento com o mundo do qual é consciente. Acreditar que se é um nada-em-si equivale a acreditar que se é algo fixo e determinado. Como ambas as atitudes implicam considerar-se um ser idêntico a si mesmo que é o que é sem escolha, elas consistem em má-fé.

Em *Por uma moral da ambiguidade*, Simone de Beauvoir compara o niilista que almeja ser nada com a pessoa séria que procura anular sua subjetividade, tratando a si mesma como um objeto inteiramente definido pelas normas e convenções sociais.

> A falha da pessoa séria ocasiona por vezes uma certa desordem radical. Consciente de ser incapaz de ser alguma coisa, ela decide não ser nada. Vamos chamar essa atitude de niilista. O niilista está próximo do espírito da seriedade, pois, em vez de perceber sua negatividade como um movimento de vida, concebe sua aniquilação de maneira substancial. Ele quer *ser* nada, e esse nada com que sonha ainda é outro modo de ser.[46]

Assim, o projeto de autenticidade é ainda motivado pela busca de substancialidade e fundamento, mas difere da má-fé de forma crucial pelo fato de, como disse Sartre, "suprimir o que, nessa busca, é fuga".[47] O que ele quer dizer?

Ele quer dizer que a pessoa autêntica não almeja unicidade, fundamento e substancialidade fugindo de sua liberdade. Ela almeja a substancialidade fundamentando-se continuamente na afirmação de sua liberdade. Para ela, a afirmação da própria liberdade é o princípio básico, o valor definitivo. A pessoa autêntica procura identificar-se com sua liberdade inalienável, em vez de fugir dela na vã esperança de se tornar uma *coisa* fixa.

O projeto de autenticidade é, na verdade, mais bem-sucedido na conquista de uma espécie de substancialidade do que o projeto de inautenticidade, porque o primeiro reconcilia a pessoa com o que ela realmente é – um ser essencialmente livre –, enquanto o segundo não passa de uma fuga na direção de uma inatingível identidade com o mundo dos objetos. Fugindo da liberdade, a pessoa não estabelece um fundamento; assumindo sua liberdade, porém, ela estabelece a própria liberdade como fundamento. Assumindo sua liberdade, ela "se torna" o que é – livre – em vez de deixar de se tornar o que nunca poderá ser – não livre. Dizendo de outro modo, o desejo de estabilidade apenas pode ser satisfeito ao se abraçar a liberdade, uma vez que a liberdade é a única coisa que tem a ver com a pessoa que é estável. Disse Sartre: "Portanto, a autenticidade é um valor, mas não o principal. Ele é um meio de chegar à substancialidade".[48]

É importante observar que a forma de substancialidade alcançada por meio da autenticidade não é um estado estável. Como já afirmei, é logicamente impossível para a consciência atingir um estado fixo, e todas as tentativas de fazê-lo envolvem má-fé. Por meio da autenticidade, a consciência não atinge a substancialidade de uma vez por todas. Essa substancialidade *deve ser* continuamente perpetuada e reassumida. A pessoa não pode simplesmente ser autêntica, ela *tem de ser* autêntica. Ou seja, tem de se esforçar constantemente para ser autêntica, sem nunca ser capaz de se tornar uma *coisa*-autêntica. Se uma pessoa pensa sempre que é *autêntica* do mesmo modo que uma pedra é uma pedra, ela já não é autêntica e, de fato, já incorreu em má-fé. A autenticidade não é um fundamento permanente que alguém escolha estabelecer em determinado momento de uma vez por todas, mas aquilo que os filósofos existencialistas chamam de *fundamento metaestável* que a pessoa deve manter pela escolha constante de respostas autênticas à sua situação.

O problema de *ser* autêntico

Este livro é intitulado *Como ser existencialista*, mas só agora está se tornando claro que não é realmente possível *ser* um verdadeiro existencialista, *ser* autêntico. Sinto que talvez devesse pedir desculpas por enganar as pessoas, mas acredito que a explicação não teria um sentido completo até este momento. Uma pessoa não pode simplesmente se converter em existencialista – ler o livro, passar no exame, obter o certificado. Um campeão olímpico *é* um campeão olímpico por quatro anos, mesmo que não dispute outra corrida, porém uma pessoa autêntica deve disputar a corrida da autenticidade o tempo todo. Ela só é autêntica quando se *comporta* autenticamente, e não pode nunca se contentar com suas láureas ou pensar que é autêntica. Pensar que se é autêntico significa pensar que se é uma *coisa*-autêntica, e, como vimos, trata-se de má-fé pensar que se é qualquer coisa.

O fato de que o simples pensamento "sou autêntico" impede a pessoa de atingir a autenticidade parece ser um problema para qualquer um que procura alcançar a autenticidade; um verdadeiro problema para quem espera atingir a autenticidade com a leitura deste livro! Minha esperança é que, ao terminar de lê-lo, você decida doá-lo ou leiloá-lo na internet, esqueça-o e comece a se comportar de forma autêntica. Apesar de meus comentários positivos feitos anteriormente, não posso me livrar da suspeita incômoda de que os intelectuais têm um verdadeiro problema quando se trata de se comportar autenticamente, porque me parece que uma pessoa não pode se comportar autenticamente quando pensa que está agindo assim. Examinarei rapidamente uma pequena saída para o dilema de como uma pessoa pode pensar sobre sua autenticidade.

A autenticidade não é uma posse ou uma essência, mas sim o modo como uma pessoa escolhe responder à sua facticidade, e o modo como ela escolhe a si mesma em resposta à sua facticidade. A autenticidade é a tarefa contínua de escolher reações que afirmem a liberdade e a responsabilidade em vez de reações de fuga da liberdade e da responsabilidade. A pessoa autêntica assume a tarefa de resistir continuamente a cair na má-fé que ameaça todo projeto humano.

Já afirmei que ser autêntico implica viver sem se lamentar. Se é assim, eis então um problema: a autenticidade é impossível, pois é impossível viver sem se lamentar. Lamentar-se, parece, é parte inevitável da condição humana, porque nenhuma pessoa que tenha a capacidade de imaginar alternativas pode evitar desejar, ao menos de vez em quando, ter feito uma escolha diferente.

Uma possível resposta a essa objeção é que ela não prova que a autenticidade é impossível, mas que é muito difícil de ser alcançada. Se uma pessoa puder se lamentar menos, como sem dúvida é possível com estratégias como antidepressivos, psicoterapia ou o estudo do existencialismo, então ela com certeza dispõe de potencial de autodomínio e pode passar a não se lamentar mais. Talvez ela fique como o duque de Wellington,* cuja política de não se queixar foi expressa na famosa máxima "Nunca se desculpar, jamais explicar".

É possível que a tarefa de total autodomínio e de autossuperação seja demasiadamente difícil de ser cumprida no prazo de uma vida, sobretudo para as pessoas que cresceram nesta cultura de desculpas e

---

* Uma das mais eminentes figuras militares e políticas inglesas do século XIX, derrotou Napoleão na batalha de Waterloo e foi duas vezes primeiro-ministro. (N. da T.)

queixas. Ainda assim, certamente essa tarefa constitui um ideal heroico pelo qual vale a pena lutar, porque é sempre melhor cair na real, ir à luta e tomar posições firmes do que ser uma consciência fustigada, perturbada por tudo e por todos. É melhor inclusive porque a pessoa que sempre se esforça para enfrentar sua situação e superá-la – esforçando-se, portanto, em enfrentar e superar a si mesma –, obtém nobreza e amor-próprio. Por outro lado, a pessoa que covardemente insiste em se lamentar, recusando-se a enfrentar sua situação e seu ser nessa situação, conhece apenas a própria fraqueza e o sentimento de derrota, sua própria falta de nobreza e de dignidade.

Mas lembrar aqui nobreza e dignidade? Afinal, essas são virtudes que se extinguiram em algum momento do século xx. Os senhores ingleses da velha escola talvez ainda as tivessem em boa quantidade. Mas as celebridades menos talentosas que aparecem nos *reality shows* da TV carecem de ambas. Hoje a nobreza aparece apenas em filmes sobre as eras romana e medieval, e a dignidade diz respeito apenas a pacientes idosos que precisam de urinol. A nobreza e a dignidade precisam ser resgatadas como virtudes importantes, com muito menos ênfase na compreensão e na tolerância aos erros, na negligência e no abandono de si mesmo. Atualmente, desculpamos com imensa facilidade as falhas e o desleixo de inúmeras pessoas gananciosas, preguiçosas, irresponsáveis e ignorantes, pessoas que só culpam os outros e dizem que fizeram o melhor quando obviamente isso não é verdade.

O nobre e resoluto Winston Churchill disse uma vez: "Não basta fazer o melhor possível; por vezes é preciso fazer o necessário". Ele reconhecia que dizer "Fiz o melhor que pude" é, muitas vezes, uma desculpa um tanto patética, uma demonstração de má-fé, porque as pessoas sempre dizem isso quando o melhor não foi suficiente. A objeção lógica é que a pessoa não pode fazer melhor do que o seu melhor – se de fato fez o melhor –, mas ela sempre saberá que fez o melhor, que não podia ter feito um pouco mais? A atitude do verdadeiro existencialista diante da vida é sempre achar que pode fazer melhor; sempre achar que fará o melhor se ao menos alcançar aquilo a que se propôs, que é certamente não fracassar em fazer o que precisa ser feito.

Naturalmente isso é bastante injusto com as pessoas corajosas que, apesar de moverem céus e terra, são derrotadas por um adversário talentoso, por imprevistos incontornáveis, por circunstâncias além de seu controle ou apenas pelo tempo ruim – mas isso não importa. A prioridade não é ser justo com quem quer que seja, nem evitar dizer coisas duras para não ofender ninguém, mas identificar a atitude correta diante da vida; e certamente a atitude correta, nobre e digna do existencialista é evitar dizer "Fiz o meu melhor", não apenas porque provavelmente não o fez, mas porque poderá fazer muito melhor da próxima vez. Nobreza e dignidade são verdadeiras virtudes existencialistas.

Sartre adverte que a má-fé consiste numa ameaça a qualquer projeto humano. Uma pessoa precisa ser quase sobre-humana para não incorrer em má-fé. Uma pessoa incorre em má-fé no momento em que deixa de evitar de forma meticulosa as infinitas tentações. A má-fé é tão conveniente e sedutora que é muito difícil resistir a ela o tempo todo.

Considerando as infinitas tentações mundanas que levam à má-fé e a dificuldade das pessoas para enfrentá-las, Sartre evoca o exemplo de um chefe de família convocado para a guerra.[49] Antes da convocação, ele era um burguês chato que vivia como se fosse guiado pelas expectativas da família e da profissão. Ele se permitia ser o que os outros queriam que fosse. A dura realidade da guerra abre seus olhos e o leva a colocar a vida em perspectiva. Ele então assume sua liberdade, tornando-se o homem que de fato é. Segundo Sartre, ele "foi levado a *pensar* sobre a situação [passada], a tomar decisões para o futuro e a estabelecer diretrizes para *preservar* a autenticidade".[50] Ele se torna soldado e deseja continuar soldado depois da guerra. Um homem pronto para tudo, que assume a responsabilidade por si mesmo e não arruma desculpas. Um homem fortalecido, silencioso, nobre e digno que se recusa a fazer concessões ou dizer aquilo que os outros gostariam de ouvir.

A resistência a essa nobre resolução não vem de dentro do homem, mas do mundo à sua volta e de seu próprio passado. Nas palavras de Sartre: "A resistência não advém de resíduos de inautenticidade que possam ter subsistido aqui e ali numa consciência mal espanada, mas do fato de suas situações anteriores resistirem a mudar, como se fossem *coisas*".[51]

A mulher desse homem, que ele ainda ama, vai visitá-lo na frente de batalha com todas as expectativas do passado. Sem qualquer esforço intencional, ele se comporta de maneira diferente, simplesmente porque agora é diferente. As expectativas dela, no entanto, trazem-lhe à tona a imagem de seu antigo eu inautêntico. Esse é o verdadeiro teste para a autenticidade recém-conquistada, uma vez que "ele não podia voltar aos velhos erros em relação à mulher sem mergulhar na inautenticidade".[52] O amor pela mulher significa que ele provavelmente voltará a ser inautêntico, ajustando-se às expectativas dela, pois, "uma pessoa que espera de nós a inautenticidade nos imobiliza na inautenticidade ao nos fazer reviver o antigo amor".[53]

Sartre prossegue dizendo que tal inautenticidade "é uma inautenticidade imposta, contra a qual é fácil, embora doloroso, defender-se".[54] Mas, se é doloroso resistir à inautenticidade imposta, como facilitar a resistência? É em decorrência do amor pela mulher que o homem sucumbe à inautenticidade imposta; assim, talvez lhe seja tão difícil resistir à inautenticidade imposta quanto resistir ao amor pela mulher.

Sartre responderia que, de fato, é fácil para esse homem deixar de amar sua mulher e assim resistir à inautenticidade imposta, porque o amor é apenas a escolha de amar. Mas é realmente possível, para qualquer homem, *escolher* deixar de amar sua mulher? Sartre está certo em insistir que os estados emocionais não têm ímpeto próprio ou mais uma vez ele está indo longe demais com sua tese radical sobre liberdade e escolha? Vou me esquivar de responder a essa pergunta complicada dizendo apenas que a resposta ainda está em debate entre os nerds sartrianos.

As dificuldades enfrentadas por uma pessoa que luta por levar uma existência autêntica são enormes. Em *Diário de uma guerra estranha*, Sartre relata seu próprio fracasso em conseguir manter a autenticidade. "Não sou autêntico, parei no limiar da terra prometida. Mas ao menos aponto o caminho para que outros possam ir até lá."[55] Sartre não menciona, contudo, por que outros poderiam conseguir o que ele, dentre todas as pessoas, falhou em alcançar. Se o grande defensor da autenticidade, com sua vasta força de vontade e força mental superior, não pôde alcançar a existência autêntica, o que esperar de nós?

Um rápido resumo: a existência autêntica é um projeto que deve ser continuamente retomado. A pessoa só pode ser autêntica em seu momento atual. Mesmo que tenha sido autêntica de maneira consistente por uma semana inteira, se não estiver sendo autêntica neste exato momento, então não é autêntica. Dadas as infinitas tentações mundanas que levam à má-fé, dadas as dificuldades de resistir às lamentações e à inautenticidade imposta, dado o fato de o hábito e as expectativas dos outros moldarem a vida de uma pessoa tanto quanto sua capacidade de escolha, é muito difícil manter a autenticidade por um período de tempo significativo. A maioria das pessoas talvez seja capaz apenas de alcançar a autenticidade ocasionalmente. Todavia, a autenticidade é um ideal existencialista pelo qual vale a pena lutar.

Autenticidade e inteligência

A busca da autenticidade, segundo a maior parte dos filósofos existencialistas, exige que a pessoa esteja intelectualmente consciente de certas verdades da condição humana. Para afirmar a liberdade como objetivo fundamental, por exemplo, parece que uma pessoa deve, em primeiro lugar, perceber a futilidade de tentar ser una consigo mesma, ou tentar ser uma *coisa* que não tem de fazer escolhas. Quando os filósofos existencialistas criticam alguém por sua inautenticidade – como gostam muito de fazer –, não estão considerando que a pessoa pode simplesmente não perceber que é inautêntica. Ela pode mesmo acreditar que é possível ser una consigo mesma. Naturalmente, é improvável que pense a questão nos mesmos termos dos filósofos. É mais provável que sua crença assuma a forma de fé na possibilidade de satisfazer todos os seus desejos e de alcançar a realização plena. De maneira similar, se a pessoa não tiver consciência da verdade existencial segundo a qual ela é apenas seu ser-em-situação, então acreditará que é o que sempre foi, e não aquilo que de repente se tornou. Acreditará, por exemplo, que é um civil disfarçado de militar, e não um soldado, se o papel do civil é tudo o que ela conhecia antes de ser convocada.

Contra essa forma de crítica, os filósofos existencialistas argumentarão que é necessário apenas um pouco de inteligência para reconhecer as verdades existenciais da condição humana. Essas não são verdades misteriosas, enterradas em obscuros livros de filosofia. A vida cotidiana é uma dura lição sobre caráter ilusório da satisfação, sobre a contingência da existência, a concretude da morte e assim por diante. Se as pessoas não enxergam essas verdades existenciais e suas implicações, não é porque são desinformadas, mas porque se recusam a enfrentá-las. É porque exercem a ignorância de propósito, motivadas pela covardia e amparadas pela má-fé.

Na maioria das vezes, não é por falta de inteligência que as pessoas deixam de enxergar as verdades existenciais da condição humana; é por não desejarem vê-las. O fato de não querer vê-las implica, naturalmente, que já as viram. Como já as viram e ficaram bastante ansiosas com a visão, elas procuram desesperadamente não enxergá-las de novo. A maneira de evitar vê-las é recorrer outra vez à má-fé.

Havia uma mulher cujo pai morreu. Ela procurava viver de maneira despreocupada e otimista; assim, quando os amigos foram lhe dar os pêsames, ela respondeu que esperava que aquilo nunca lhes ocorresse. Mas é claro que todo mundo perderá o pai um dia, a menos que morra antes. Considerar as verdades duras como ofensivas é uma das mais comuns expressões da má-fé. Conforme já afirmei, a má-fé é ignorância proposital. É uma estratégia de enfrentamento que ajuda a pessoa a não submergir na angústia. Se assim é, então ironicamente há uma espécie de sabedoria na ignorância proposital de quem perdeu a coragem de enfrentar as duras verdades da condição humana.

Se a busca da autenticidade fosse sobretudo um projeto intelectual, então apenas as pessoas com educação mais elevada buscariam a autenticidade, o que certamente não é o caso. A história mostra que pessoas com nível educacional mais baixo têm se esforçado por assumir sua liberdade; mostra também, de outro lado, que Heidegger, um especialista na *teoria* do existencialismo, permitiu-se a inautenticidade do antissemitismo e ligou-se ao Partido Nacional-Socialista de Hitler.

Embora a busca da autenticidade não seja necessariamente um projeto intelectual, algumas pessoas têm sido levadas a buscar a autenticidade como resultado direto do estudo do existencialismo. Estudar os principais pontos do existencialismo ressalta as verdades existenciais, expõe a má-fé e enfatiza a necessidade de liberdade e responsabilidade. O estudo do existencialismo pode ser para a pessoa um processo de profunda descoberta que influencia a própria natureza de sua existência.

Como ser existencialista

Neste tempo em que a filosofia costuma ser vista apenas como uma disciplina acadêmica entre outras, o argumento de que os estudos filosóficos podem redundar em profunda iluminação pessoal pode soar pomposo. Segundo os antigos filósofos gregos, porém, atingir a iluminação é exatamente o objetivo do estudo da disciplina. O problema de muitos estudantes e professores de filosofia é pensarem que o objetivo de seu estudo é obter um diploma e que a iluminação pode ir para o inferno.

Segundo o filósofo grego Platão, por exemplo, a finalidade do estudo da filosofia, especialmente de sua filosofia, é atingir o conhecimento das verdades fundamentais que tornam uma pessoa capaz de distinguir a aparência da realidade. Como o platonismo, o existencialismo – apesar da visão de mundo bastante diferente – também oferece iluminação e um caminho para fora da escura caverna da ignorância. Em sua obra mais importante, *A República*, Platão compara o processo de iluminação com a ascensão de uma pessoa do mundo das sombras da caverna em direção à claridade da luz do dia.

Tudo isso é bem conhecido, mas a dúvida incômoda que abordei anteriormente permanece: pode alguém se tornar autêntico como resultado de um processo intelectual? Decerto o estudo da filosofia poderá dar-lhe toda sorte de intenção nobre, assim como uma qualificação relativamente útil, mas o simples fato de pensar que é autêntica não estraga imediatamente qualquer autenticidade que a pessoa tenha alcançado? Como já foi dito, uma pessoa não pode simplesmente *ser* autêntica, ela precisa constantemente comportar-se de maneira autêntica, e pensar que *é* autêntica não significa se comportar autenticamente. Portanto, mais uma vez, talvez minha dúvida incômoda não seja tão grave, afinal. O que há de tão errado em uma pessoa que se comporta autenticamente pensar: "Estou me comportando autenticamente neste momento?" Pensar isso realmente torna sua ação inautêntica? Consideremos um caso comparativo.

Se, enquanto ajudo uma velha senhora a carregar uma caixa pesada ao subir uma escada, penso "Esta é minha boa ação de hoje", meu gesto se torna de repente um ato egoísta?. Certa vez fui levado a pensar algo assim de uma velha senhora que me disse: "Esta é sua boa ação de hoje, meu jovem". Parece absurdo insinuar que a velha senhora tenha transformado a qualidade de minha ação apenas por colocar esse pensamento mundano em minha cabeça. Nossa atitude diante de nossas ações é importante e pode influenciar a natureza do que fazemos, mas não devemos sempre atribuir demasiado sentido aos pensamentos casuais e arbitrários que surgem em nossa mente enquanto fazemos as coisas.

A autenticidade e os outros

Examinando retrospectivamente o que foi dito neste capítulo sobre a autenticidade, parece haver uma contradição a considerar. De um lado, afirmei que, para ser autêntica, a pessoa deve entender sua situação, lançando-se irrestritamente a ela. De outro, disse que a autenticidade envolve a recusa de viver segundo as expectativas dos outros.

Voltemos ao exemplo de Sartre sobre o burguês chato que recebeu a visita da mulher na frente de batalha. Sartre argumenta que esse homem não podia se ajustar à antiga imagem que sua mulher tinha dele sem cair na inautenticidade. Mas como uma pessoa pode se colocar em certas situações sem se ajustar às expectativas dos outros? Ajustar-se às expectativas dos outros é exatamente o que se exige em determinadas situações. Se esse homem se lança irrestritamente a sua situação presente – não a guerra, mas o encontro com a amada esposa –, ele deve agradá-la e fazer jus às suas expectativas, de maneira a confortá-la e a preservar seu relacionamento. Seria possível argumentar que, ao se comportar assim, ele estaria sendo paternalista; mas, se o paternalismo implica tratar alguém com condescendência, então o homem teria sido ainda mais paternalista com a mulher se, tendo experimentado horrores que ela desconhecia, a enfrentasse de forma superior e sombria.

Suponhamos que o homem se recusasse a ser indulgente com a mulher, dizendo-lhe: "Esta guerra me pôs em contato com meu verdadeiro eu, e não poderei mais me comportar como antigamente". Uma resposta razoável a essa afirmação seria a de que, se a guerra o colocou de fato em contato com si mesmo, então ele deveria perceber que é livre para adaptar seu comportamento às exigências de qualquer situação. Afastar-se da mulher que ele ainda ama porque não pode se permitir ajustar-se à sua antiga imagem não é o comportamento de um herói autêntico, mas sim o de um idiota inflexível e autodestrutivo. Conforme já sugeri, a autenticidade é um ideal heroico. O cinema nos tem mostrado que o herói arquetípico é ao mesmo tempo amante e guerreiro, e que pode amar ou lutar de acordo com as exigências de cada situação. Além do mais, sua capacidade de amar não é corrompida pela capacidade de lutar, odiar e enfrentar horrores, assim como sua capacidade de lutar não se enfraquece com sua capacidade de amar.

Depois que a Segunda Guerra Mundial lhes mostrou quanto as pessoas são dependentes umas das outras, Sartre e Simone de Beauvoir passaram a admitir que a autenticidade pode implicar, até certo ponto, ajustar-se às expectativas dos outros. Seus escritos de pós-guerra passaram a considerar que certo grau de harmonia social é necessário diante das exigências da maioria das situações, uma vez que estas são, em certa medida, sociais e humanas.

As pessoas, eles argumentam, são responsáveis por cumprirem as expectativas resultantes de suas circunstâncias sociais e históricas. Alguém que procure fugir dessa responsabilidade recusando-se a ser uma pessoa de seu tempo age com má-fé. Age, enfim, como se fosse uma ilha fixa e autossuficiente, à parte da sociedade, da política e da história, quando na verdade se trata de uma pessoa enraizada na situação social e política de sua época e que só pode existir em relação a essa época. Como disse John Donne,* "Nenhum homem é uma ilha, isolado em si mesmo; todo homem é um pedaço do continente, uma parte do todo".[56] É, portanto, autêntico levar isso em conta; é autêntico ter consciência da existência e da liberdade dos outros e da inevitabilidade de precisar relacionar-se e compartilhar com eles.

---

* Poeta e pregador inglês (1752-1631). (N. da T.)

A autenticidade segundo Nietzsche – Nunca se lamentar

É hora de examinar o que Nietzsche tinha a dizer sobre a autenticidade. Como Sartre, ele tinha muito a dizer – e em boa medida pensava como Sartre. Não é de admirar que os grandes filósofos existencialistas pensassem de maneira parecida, em especial porque Nietzsche exerceu grande influência sobre todos os filósofos existencialistas do século XX. Nietzsche é uma figura proeminente da filosofia que influenciou e continua influenciando quase todo mundo, de D. H. Lawrence a Lawrence da Arábia, dos judeus segregados em guetos na época do Nazismo e da psicanálise freudiana (inclusive o próprio Freud) a administradores de times de futebol. Isso acontece, em parte, porque seus escritos parecem oferecer algo para todo mundo. A principal razão, porém, está no fato de Nietzsche ter sido um pensador profundo e inspirado que conseguiu tornar mais acessíveis as complexidades e peculiaridades da vida do que a média dos acadêmicos pouco imaginativos e enroladores. De fato, em seus escritos, Nietzsche era muito chegado a insultos espirituosos contra outros filósofos. Outra razão para ter se tornado tão popular entre muitos pensadores é que não camuflava seus insultos.

A má-fé, disse Sartre, é a escolha de não escolher. É uma *liberdade negativa*, liberdade que nega, entrava e reprime a si mesma. Exercer negativamente a liberdade é o que Nietzsche chama de *ideal ascético*. O ideal ascético valoriza a renúncia e repressão de si mesmo acima de tudo e em seu próprio interesse. A pessoa que adota o ideal ascético não valoriza, por exemplo, o celibato pela saúde sexual e a paz de espírito que ele possa trazer, mas somente pela renúncia que envolve. Em oposição ao ideal ascético, Nietzsche elaborou o conceito de *ideal nobre*. O ideal nobre implica a afirmação positiva da liberdade. Uma pessoa positivamente nobre afirma-se como um ser livre. Ela não renuncia à sua liberdade nem a reprime, mas a desfruta e está constantemente ciente dela. Ela assim o faz por agir de modo decidido, superando as dificuldades, recusando-se a se lamentar e, principalmente, escolhendo seus próprios valores. Segundo Nietzsche, a liberdade positiva é expansiva, por vezes até mesmo imprudente e violenta. Ela triunfa como uma *vontade de potência* positiva.

Ideia-chave da filosofia de Nietzsche, a vontade de potência pode ser positiva ou negativa. A vontade de potência positiva é o poder expansivo, até mesmo explosivo. No entanto, seu oposto também é vontade de potência. Um ser que se recusa a expandir também tem vontade de potência. Por exemplo, soldados em operação de retirada recusam a expansão, mas isso não significa que tenham perdido sua vontade de potência. Da mesma forma, alguém que mantém a força por detrás de uma barricada exerce a vontade de potência, convidando o inimigo a despender a própria força por meio do ataque a essa barricada. Para Nietzsche, a pessoa não pode deixar de ter vontade de potência, assim como para Sartre a pessoa não pode deixar de ser livre. Enquanto em Nietzsche encontramos conceitos como vontade de potência positiva ou negativa, em Sartre há o conceito de liberdade positiva, da pessoa responsável e autêntica, e o da liberdade negativa, da pessoa inautêntica que age com má-fé ao escolher não escolher.

Sartre sustenta que a liberdade pode ser a fonte de todos os valores. Essa liberdade positiva envolve os mesmos princípios do ideal nobre de Nietzsche. Consiste em uma vontade de potência positiva. Uma pessoa não pode obter a conversão radical à autenticidade rejeitando e se afastando de seu antigo eu por meio do exercício da má-fé, mas sim criando os próprios valores mediante a superação do antigo eu e dos antigos valores.

A ideia de Sartre de uma conversão radical à autenticidade pressupõe que a pessoa se torne algo como o *Übermensch* de Nietzsche. Se você já ouviu esse termo alemão, ele deve lhe evocar a imagem de soldados da tropa de elite nazista, loiros, autoritários e de olhos azuis, marchando pelo Portão de Brandemburgo; mas, literalmente, essa palavra significa "além-do-homem" – o homem que superou a si mesmo. Como aquele que cria seus próprios valores, o além-do-homem cria a si mesmo; ele é o artista ou autor de sua própria vida. Num artigo intitulado "Nietzsche e a autenticidade", o filósofo judeu Jacob Golomb (não confundir com Golum) disse: "A vontade de potência é uma peça na busca da autenticidade – a vontade de se tornar um autor livre (dentro dos inevitáveis limites) de si próprio. A vontade de potência ideal foi expressa pelo idealmente autêntico *Übermensch*".[57]

Aquilo que uma pessoa negativa, ou em má-fé, identifica como má experiência que deve ser esquecida ou negada, o autor da própria vida, cujo objetivo é afirmar positivamente toda a sua vida, identifica como uma experiência de aprendizagem que o ajuda a se tornar mais forte e mais sábio. Ele nada lamenta, uma vez que cada experiência contribui para que se torne aquilo que é. Segundo Nietzsche, ele não lamentará nem mesmo suas más qualidades, ou aquilo que os outros possam qualificar dessa forma. Como fonte dos próprios valores, ele reavalia suas más qualidades como suas melhores qualidades. A capacidade de agir assim é uma marca de sua autenticidade. "As grandes fases de nossa vida são as ocasiões em que adquirimos coragem para renomear nossas más qualidades como nossas boas qualidades."[58]

Em *Crime e castigo*, admirável romance do escritor russo Fiódor Dostoiévski, o personagem central, Raskolnikov, mata a velha locadora de seu quarto e a irmã dela com um machado, numa tentativa de fugir da pobreza. Teria sido muito menos drástico para Raskolnikov pedir o auxílio do governo, mas é preciso lembrar que praticamente não havia sistema de seguridade social na São Petersburgo dos anos 1860. Depois de cometer o duplo assassinato, Raskolnikov diz a si mesmo que teria de se esforçar para se parecer com Napoleão, dotado de força de caráter suficiente para justificar para si mesmo os próprios crimes. Infelizmente, ao contrário de Napoleão, falta a Raskolnikov a audácia para assumir os próprios crimes e genuinamente não se preocupar com eles. Nas palavras de Nietzsche, falta-lhe coragem para "redimir o passado e transformar cada 'foi' em 'assim eu quis'".[59]

Como o ego de Raskolnikov não é suficiente para fazer desaparecer a enormidade de seu crime, seu único meio de escapar à culpa é cair numa atitude de má-fé, pela qual, ao renegar seu passado, renega a si mesmo. Não estou dizendo que, para ser autêntico, você deva sair por aí matando velhinhas com um machado sem dar a mínima para isso, mas sim que, para ser autêntico, é preciso assumir a responsabilidade por todas as suas ações, sejam elas quais forem, em vez de tentar renegá-las por meio da má-fé com a crença de que "nasceu de novo".

Renegar o passado com má-fé e redefinir o passado assumindo responsabilidade por ele são duas atitudes radicalmente diferentes. Se a conversão à autenticidade implica superar a má-fé, é preciso assumir a responsabilidade por todo o passado sem se lamentar. A pessoa que se lamenta deseja que seu passado tivesse sido diferente, deseja não ser o ser livre que é e foi. Essa pessoa não afirma toda a sua liberdade – e portanto toda a sua vida – como criação dessa liberdade. Segundo Nietzsche, a maior afirmação de vida é o desejo de eterno retorno. Para que uma pessoa afirme verdadeiramente sua liberdade e sua vida enquanto criação de sua liberdade, ela deve aceitar a possibilidade de vivê-la outra vez, em cada detalhe e por um número infinito de vezes. Nietzsche escrevia lindamente; assim, vale a pena citar na íntegra sua passagem mais famosa sobre o eterno retorno:

> Se um dia ou uma noite um demônio invadisse sua mais completa solidão e dissesse: "Esta vida, como você vive e já viveu, você terá de vivê-la mais uma vez, e inúmeras vezes mais; e não haverá nada de novo nela, mas cada dor, cada alegria, cada suspiro e tudo o que existe de inexprimivelmente pequeno ou grande nela terá de retornar a você, sempre na mesma sucessão e na mesma sequência – até mesmo esta aranha e este luar entre as árvores, e até mesmo este instante e eu próprio. A eterna ampulheta da existência será virada uma vez mais, e outra vez, e você com ela, partícula de poeira!", você não se atiraria ao chão e rangeria os dentes e amaldiçoaria o demônio que lhe falou assim? Ou você já viveu o instante extraordinário em que teria respondido: "Você é um deus, e jamais ouvi coisa mais divina". Se esse pensamento se apoderasse de você, ele poderia transformar a maneira como você é, ou talvez esmagá-lo. A pergunta diante de tudo e de cada coisa, "você deseja isto mais uma vez, e inúmeras vezes ainda?", pesaria sobre suas ações. Ou então como você se tornaria bem disposto em relação a si mesmo e à vida, para nada ansiar com mais fervor do que essa confirmação final.[60]

O pensamento intransigente de Nietzsche é o de que, se você não quer viver sua vida mais uma vez, então você não a está vivendo direito! Ele pergunta: "Por que você está fazendo esse trabalho agora, se não pretende fazê-lo outra vez em sua próxima vida?" Do ponto de vista metafísico, a questão do eterno retorno é problemática. Se o eterno retorno é verdadeiro, esta vida deve ser idêntica a uma infinidade de vidas que já vivemos e ainda viveremos; nada podemos mudar; e, se nada podemos mudar, não somos livres.

Pode-se discutir se Nietzsche acreditava que vivemos uma infinidade de vezes. Mas o que importa para ele não é a existência ou não do eterno retorno, e sim o ácido teste moral que a ideia suscita.

A resposta de Nietzsche à perene questão moral "Como devo viver?" é: "Procure viver de tal maneira que possa desejar que cada um e todos os momentos de sua vida retornem eternamente". Nietzsche chama a isso de sua *fórmula para a grandeza*. "Minha fórmula para a grandeza do homem é *amor fati* [amor ao destino]: não querer ser diferente do que é, nem no futuro, nem no passado, nem por toda a eternidade."[61] Ao rejeitar e descartar seu passado como um par de sapatos velhos, Raskolnikov deixa de adotar a fórmula de Nietzsche para a grandeza. Será já quase desnecessário dizer que para se tornar um verdadeiro existencialista e alcançar a existência autêntica é preciso aceitar a fórmula de Nietzsche para a grandeza. Um chamamento duro, mas é assim que é, talvez para sempre.

A autenticidade segundo Heidegger – Autêntico ser-para-a-morte

Outro filósofo existencialista que tem muito a dizer sobre autenticidade, ainda que tenha falhado em ser autêntico por causa de sua inclinação política de direita, é Martin Heidegger. Ele sustenta que o projeto de autenticidade implica a afirmação das incontornáveis verdades da condição humana. Nesse ponto ele se parece muito com Sartre, e não é de surpreender que – política à parte – tenha sido a segunda maior influência do filósofo francês. A maior influência de Sartre foi, por sinal, Husserl, professor de Heidegger. Sartre estudou a filosofia husserliana em profundidade ao longo de um período sabático de nove meses no Instituto Francês de Berlim, em 1933. Conexões, conexões.

De todo modo, como já vimos, a explanação de Sartre sobre a autenticidade enfatiza a necessidade de assumir e afirmar a liberdade. Já a de Heidegger ressalta que é preciso assumir e afirmar a mortalidade. Para Heidegger, a autenticidade diz respeito principalmente a *autêntico ser-para-a-morte*. Essa ideia pode parecer um pouco mórbida, e na verdade é, no sentido de "haver um interesse incomum pela morte". Mas o que Heidegger reconhece é que as pessoas podem ter uma atitude autêntica ou inautêntica em relação ao fato de que um dia vão morrer. Heidegger se refere à existência humana como *Dasein*, palavra alemã para "ser-aí" [ou "ser-no-mundo"]. *Dasein* refere-se a uma pessoa única, situada espacial e temporalmente no mundo. Segundo Heidegger, a "morte é a possibilidade mais primordial do *Dasein*".[62]

A constante possibilidade da morte no presente e a inevitabilidade da morte no futuro são centrais ao próprio *Dasein*. O presente de uma pessoa é como é em virtude de sua finitude, uma finitude decorrente da promessa da morte que perpetuamente assombra o presente. O ser-para-a-morte autêntico implica a pessoa viver ciente de que seu tempo é finito e sua morte, inevitável. Ao reconhecer que irá morrer, e não só que todos morrem, ela deixa de se ver em má-fé como apenas mais um Outro, e percebe que existe como possibilidade inteiramente única da própria morte. Diz Heidegger: "O caráter não relacional da morte individualiza o *Dasein*".[63]

Não causa surpresa o fato de as pessoas passarem a assumir uma atitude "Vou morrer" mais autêntica à medida que envelhecem. Tornar-se consciente da própria mortalidade é uma parte fundamental do crescimento e do processo de se tornar adulto de verdade. Por outro lado, os jovens inclinam-se a uma atitude inautêntica: "Os outros vão morrer". Talvez os velhos e os jovens se diferenciem mais pela atitude diante da mortalidade do que pela maneira de se vestirem. Os jovens, pelo menos nos países desenvolvidos do Ocidente, tendem a ver os mais velhos como um grupo totalmente à parte do resto da humanidade, como criaturas quase repulsivas que sempre foram velhas, decadentes e próximas da morte, e não como pessoas que no passado foram jovens e a quem sucedeu viver o suficiente para se tornarem velhas e próximas da morte. O pouco-caso e o desprezo que com frequência os jovens demonstram pelos idosos reforçam seu afastamento deles, constituindo também um sintoma disso.

Certa vez, um jovem zombou de um homem que chegara aos 70 anos. "Não zombe de mim. Estou certo de que você espera viver tanto quanto eu", replicou o velho. Talvez alguns adultos mais jovens digam coisas do tipo "Vou me matar antes de ficar velho", "Melhor pular fora do que definhar!" Mas, assim como as crianças que afirmam "Eu não vou morrer, vou viver sempre", esses jovens não sabem o que estão dizendo. Em razão da limitada experiência de vida, jovens falam muita bobagem. Na Bíblia, em um trecho dos Coríntios, pode-se ler: "Quando eu era menino, falava como menino, compreendia como menino, pensava como menino; mas, quando cresci, deixei de lado as coisas de menino".

Os jovens também costumam se considerar um grupo distinto, como se fossem imortais que sempre serão jovens, e não pessoas que vão inevitavelmente envelhecer caso sobrevivam o suficiente. Sem dúvida, essa atitude é fruto da arrogância própria da juventude, e os jovens devem ser desculpados, já que são imaturos e ingênuos. Pensar que não se vai envelhecer e morrer é privilégio da juventude, e sem dúvida os mais velhos e esclarecidos invejam esse privilégio. Apesar disso, tal atitude incide em má-fé, uma vez que implica considerar que tanto a juventude quanto a velhice são estados fixos, e não fases de um mesmo processo inexorável.

Os jovens também incorrem em má-fé ao pensar que os velhos estão mais próximos da morte do que eles. Certo, se mesmo hoje não há muita gente que passa dos 100 anos, então em certo sentido os velhos estão mais próximos da morte, porém a morte – aquele carro proverbial que pode vir buscá-lo amanhã – é uma possibilidade sempre presente para as pessoas de qualquer idade. Aquele homem que completou 70 anos bem pode sobreviver ao jovem que zombou dele, especialmente se esse jovem for um motociclista. Sartre descreve a morte como um limite elástico, que pode estar mais próximo ou mais distante, segundo as circunstâncias. Se uma pessoa tinha febre alta ontem, ela estava mais próxima da morte do que hoje, quando já se recuperou.

A pessoa deixa de se considerar uma cópia de outra pessoa e de todas as pessoas apenas quando percebe que é a possibilidade única e absoluta de sua própria morte. Para Heidegger, esse é o verdadeiro sentido da autenticidade. A pessoa autêntica, como o artefato autêntico, é um artigo genuíno, *bona fide*, não uma réplica ou reprodução. Embora sua vida possa se assemelhar à vida de muitos outros, a pessoa autêntica é sua própria pessoa e como tal se identifica.

Como ser existencialista

Apenas quando alguém entende que vai morrer, agindo em conformidade com esse entendimento, começa verdadeiramente a existir. Assumindo a responsabilidade pela própria morte, essa pessoa assume a responsabilidade pela própria vida e pela maneira como escolhe vivê-la. Perceber e afirmar a mortalidade significa superar a má-fé. Isso se encaixa perfeitamente com o argumento de que a autenticidade implica viver sem lamentações. Se a afirmação da liberdade exige que uma pessoa afirme *toda* a sua vida sem se lamentar, então ela deve afirmar também sua mortalidade. Essa afirmação não implica tornar palatável a perspectiva da morte – não se trata de um desejo suicida da morte –, mas pressupõe o reconhecimento de que sua vida é finita e das implicações dessa finitude na maneira como ela vive.

Uma característica do além-do-homem de Nietzsche é sua aceitação e seu reconhecimento da própria mortalidade. O além-do-homem é alguém que, embora plenamente consciente da própria mortalidade, não se deixa paralisar pelo medo de pensar nela. Ele não permite que o medo da morte o impeça de assumir certos riscos nem de viver plenamente a vida. Simone de Beauvoir afirma que essa atitude em relação à morte é uma característica essencial da pessoa aventureira que valoriza a afirmação de sua liberdade em detrimento de uma tímida autopreservação. "Mesmo sua morte não é um mal, uma vez que ele só é um homem na medida em que é mortal: ele deve assumir isso como o limite natural de sua vida, como o risco implícito em cada passo."[64] As pessoas não aventureiras, que não conseguem viver a vida plenamente por medo da morte, também morrem. E morrem, no entanto, sem nunca ter realmente vivido; morrem tendo já morrido, metaforicamente, muitas vezes. É o que disse Shakespeare quando escreveu, em *Júlio César*: "Os covardes morrem muitas vezes antes de sua morte; o valente experimenta a morte uma só vez".

Aparentemente, a vida da pessoa que aceita sua mortalidade pode não ser diferente da vida de outra que não a aceita; mas, ao aceitar a mortalidade, ela torna sua vida unicamente sua, atingindo a autenticidade, ao menos no sentido heideggeriano do autêntico ser-para-a-morte. O verdadeiro existencialista nunca deve viver como se fosse durar para sempre, desperdiçando seu tempo e adiando indefinidamente as coisas que gostaria de fazer. Não direi, contudo, que ele deve viver como se cada dia fosse o último, porque ninguém pode conseguir muito na vida se não fizer planos de prazo relativamente longo, ou se não souber esperar um pouco pelo melhor momento de agir.

Conheci um rapaz que sempre procurava viver o momento, desfrutando imediatamente cada prazer e privilégio que lhe caíssem nas mãos. Ele prestava culto no altar da satisfação instantânea, desprezando a paciência, a prudência e a moderação que levam ao adiamento das satisfações. Ele sempre empregava a expressão "satisfação adiada", zombando das pessoas que eram moderadas ao beber, que economizavam dinheiro ou que se recolhiam mais cedo. Ele aderiu admiravelmente à própria filosofia e viveu por um tempo de maneira desregrada, mas se tornou alcoólatra antes dos 30 anos e, desafortunadamente, morreu cedo.

Se uma pessoa vive realmente cada dia como se fosse o último, passa todos os dias em pânico enquanto se diverte, arruinando rapidamente a saúde e as finanças. Mas é preciso viver sabendo que cada momento e cada dia são preciosos e insubstituíveis. Deixar de fumar, comer cereais, usar cinto de segurança: tudo isso decerto pode acrescentar tempo de vida, porém não é essa a questão. Embora seja importante fazer o que for possível para prolongar a vida, não importa ganhar mais tempo se não fizermos o melhor com ele. Abraham Lincoln, um grande homem que fez o melhor que pôde de seus 56 anos, 1 mês e 24 dias vividos, teria dito: "No fim, o que conta não são seus anos de vida, mas a vida de seus anos".

Seja um verdadeiro existencialista, seja autêntico, aproveite sua liberdade, aproveite o dia. *Carpe diem*, costumavam dizer os nobres romanos.

5
Terapia existencial

Já mencionei a terapia existencial, prática lucrativa em que bons ouvintes com algum conhecimento do existencialismo se aventuram a ajudar outras pessoas a passar a viver de maneira mais honesta, positiva e livre de queixas. Como este livro é uma espécie de exercício de terapia existencial, ainda que apenas aconselhe a respeito de como se tornar existencialista, penso que, como conclusão, convém voltar ao tema, com alguns acréscimos. Afinal de contas, você pode sentir que precisa de terapia depois de ler o livro; ou então pode estar pensando em arrumar uma barba longa (as mulheres, inclusive), uma cara de sabedoria, uma placa de bronze e um sofá de couro e se estabelecer como terapeuta existencial.

O grande objetivo da terapia existencial é ajudar as pessoas a realizar mudanças na própria vida ou em si mesmas, mudanças para melhor. O terapeuta deve encorajar o cliente (como o paciente é chamado) a explorar o que ele entende por "realizar mudanças para melhor". Durante o processo de terapia, as ideias do cliente que concernem ao que é melhor para ele poderão mudar consideravelmente. Ao enfatizar que não há nada de estável naquilo que somos, que somos livres ao menos para nos empenharmos em superar nossas atuais atitudes, nossos hábitos, falhas e inclinações, o terapeuta existencial estimula o cliente a reconhecer que o grande objetivo do autoaperfeiçoamento é plausível. Se somos aquilo que somos, não pode haver esperança de mudar deliberadamente, estamos presos àquilo que somos. Porém, se somos um produto de nossas escolhas, então haverá sempre esperança de superar e alterar o que somos.

Uma das principais tarefas do terapeuta existencial é convencer o cliente de que ele é livre e portanto capaz de autoaperfeiçoamento. O processo envolve algum debate filosófico, estabelecido no nível em que o cliente possa encarar, porém não deve constrangê-lo a enfrentar as duras verdades existenciais antes que esteja pronto para isso.

Eis aqui a grande diferença entre este livro e a terapia existencial. Este livro apenas apresenta as duras verdades existenciais, sem muita suavidade ou adulação. Um bom terapeuta existencial, no entanto, assim como um bom amante, é delicado e gentil. Em seu livro *Existential Counselling and Psychotherapy in Practice* [Terapia existencial e psicoterapia na prática], Emmy van Deurzen-Smith afirma: "Considero habilidades básicas da terapia a capacidade de ouvir, mais do que adivinhar; refletir, em lugar de distorcer; e tranquilizar, em vez de confundir o cliente".[65] Naturalmente, há sempre interesse *financeiro* de parte do conselheiro em ser delicado e gentil, de modo a ajudar seus clientes num ritmo bem remunerado e tranquilo.

A terapia existencial dá enorme ênfase à investigação do passado, reconstruindo em conjunto a biografia individual do cliente. Sartre exemplificou o método da psicanálise existencial, que está por trás da terapia, escrevendo algumas biografias psicanalíticas, extremamente detalhadas, de escritores franceses famosos. Além de sondar as profundezas psicológicas de Charles Baudelaire, Jean Genet e Gustave Flaubert, essas biografias *mostram* como a psicanálise existencial deve ser conduzida. Assim como Sartre em suas biografias, os terapeutas existenciais esforçam-se ao máximo para preservar o indivíduo, descrevendo sua personalidade única, em vez de classificá-lo e de tentar explicá-lo mediante a aplicação de um punhado de rótulos psicológicos universais. O objetivo não é classificar a pessoa como depressiva, neurótica ou seja lá o que for, mas descobrir sua particular *escolha fundamental* de si mesmo.

As escolhas de uma pessoa remontam à escolha fundamental, ou original, de si mesma feita pela pessoa em reação a um acontecimento particular da infância, ocorrido na formação da autoconsciência. Esse evento pode ter sido apenas trivial – por exemplo, a briga com uma irmã por causa de um pedaço de bolo –, porém a reação a ela é bastante significativa, uma vez que pode ter sido o início de um processo de escolha das ações que afirmam ou negam a imagem de si mesma como determinado tipo de pessoa. As ações que a pessoa escolhe em reação à escolha fundamental compõem seu *projeto fundamental*. A escolha fundamental de uma pessoa é arbitrária e mesmo infundada, mas de todo modo é uma escolha do ego, que cria as bases para todas as escolhas posteriores. Convirá repetir que cada escolha fundamental de uma pessoa é única e pode ser descoberta apenas por meio da exploração detalhada de sua história pessoal.

Sartre, Laing e outros psicanalistas existenciais sustentam que é possível para uma pessoa passar por uma *conversão radical* pela qual ela se redefine – esperemos que para melhor – ao estabelecer uma nova escolha fundamental de si mesma. A capacidade de cada pessoa de obter uma conversão radical é de extrema importância no que se refere ao processo de terapia existencial. Uma questão: quantos terapeutas existenciais são necessários para trocar uma lâmpada? Resposta: apenas um; mas ambos, o terapeuta e a lâmpada, precisam acreditar que é possível mudar.

Segundo Sartre, o escritor francês Gustave Flaubert, autor de *Madame Bovary*, passou por uma conversão radical quando tinha pouco mais de 20 anos, conversão que mudou totalmente o rumo de sua vida. Isso, porém, não foi suscitado por um terapeuta existencial, mas por acontecimentos de sua vida que levaram a uma crise. Para entender a conversão radical do escritor é preciso conhecer um pouco seu contexto familiar. Na verdade, Sartre pensava que era preciso saber absolutamente tudo sobre esse contexto familiar para entender tal conversão radical. Foi por isso que escreveu o mais volumoso livro dissecando cada detalhe minúsculo e trivial da vida de Flaubert e de seu tempo. A fim de não extrapolar o tamanho afortunadamente pequeno deste meu livro, porém, vamos nos contentar aqui com uma versão condensada da história familiar de Flaubert.

Se, como eu, você muitas vezes se pega dizendo "A culpa é dos meus pais", antes mesmo de saber como é triste a experiência de ver os jovens se queixando de você, então a história de Flaubert apenas reforçará sua fé nesse preconceito. No entanto, ao prejudicar a infância de Flaubert, seus pais, ao contrário da maioria dos demais, o ajudaram inadvertidamente a se tornar um dos maiores nomes da história da literatura.

A avó de Gustave Flaubert morreu ao dar à luz sua mãe, Caroline. Seu avô ficou desolado. A culpa que Caroline sentia pela morte da mãe foi reforçada pela morte de seu pai, quando ela tinha 10 anos. O pai não amava a filha o bastante para prosseguir vivendo. Caroline ressuscitou o pai, e assim aliviou sua culpa, ao casar com um duplo dele, Achille-Cléophas Flaubert, um médico rígido, dominador e bem-sucedido, muitos anos mais velho. A princípio, o casamento foi feliz. Caroline amava o marido e lhe deu um primeiro filho, Achille. Porém, quando Gustave nasceu, Caroline já tinha perdido alguns filhos, e seu marido já tinha se envolvido com várias amantes.

Caroline queria uma filha, uma companhia feminina para compensar sua infância solitária, de modo que o nascimento de Gustave lhe causou desapontamento. Não apenas por isso, mas também pelo fato de os dois irmãos que precederam seu nascimento terem morrido, não se esperava que o bebê Gustave sobrevivesse. Não havia muito afeto nos hábeis cuidados recebidos pela criança decepcionante e supostamente sem futuro; esses cuidados visavam apenas sossegá-la. Sartre identifica a passividade de Flaubert como sua escolha fundamental de si mesmo, pelo menos até que ele passasse por sua conversão radical. Ele não era estimulado a reagir, a sentir que tinha um propósito ou que poderia ser algo mais do que um objeto que sua mãe se via obrigada a empoar e a mimar.

Gustave não teve mais sorte com o pai, cujas atenções e esperanças se voltavam diretamente para seu irmão mais velho, Achille, que poderia se tornar um médico bem-sucedido como o pai. Gustave tinha muito ciúme do inteligente e petulante Achille. Anulado e ignorado como pessoa, ele teve um desenvolvimento intelectual dolorosamente lento. Aos 7 anos, era incapaz de ler. Sua família reforçava ainda mais sua baixa autoestima e o cerne de sua apatia ao considerá-lo um idiota – daí o título irônico da obra monumental de Sartre, *O idiota da família*.

Gustave finalmente aprendeu a ler com o padre de sua paróquia. Embora ainda se comportando quase sempre de maneira passiva e tendendo à letargia meditativa, o que o fazia parecer um pateta, ele se apossou de uma nova habilidade e, por volta dos 9 anos, começou a escrever histórias. Sem consultá-lo, seu pai decidiu que o filho se tornaria um advogado. Passivo como sempre, Gustave seguiu o plano do pai, ao mesmo tempo que desenvolvia um problema nervoso de natureza psicossomática.

O momento decisivo da vida de Gustave ocorreu em 1844, quando ele sofreu um colapso nervoso, possivelmente um ataque epiléptico. Incapacitado por esse ataque, não pôde seguir a carreira que o pai havia escolhido para ele. A crise foi a oportunidade de Gustave finalmente se libertar do domínio paterno e se tornar escritor. O inválido, não sendo bom o suficiente para nada melhor, viu-se relegado a escrever. O idiota estava livre, enfim, para se transformar num gênio.

Segundo Sartre, a crise de Flaubert foi uma conversão radical à autenticidade, um ato de autoafirmação pelo qual ele enfim dispensou sua passividade, sua escolha de não escolher, sua má-fé. Por meio de um ato que aparentava ser um colapso mental, mas que era na verdade uma afirmação positiva de liberdade, ele deixou de existir principalmente para os outros e começou a existir para si mesmo.

Ao contribuir para que o cliente se torne consciente de sua liberdade inalienável, ao ajudá-lo a descobrir que, como Flaubert, e como todo mundo, ele não é uma entidade estável, porém o produto de uma escolha fundamental que pode ser transformadora, o terapeuta existencial tem por objetivo inspirar o cliente a dar início à formulação de estratégias de superação e de tomada de decisões. Nesse ponto, o terapeuta pode aconselhá-lo sobre os padrões possíveis de comportamento que ele pode adotar de maneira a pôr em prática mudanças positivas em seu relacionamento consigo mesmo, com as outras pessoas e com o mundo.

O terapeuta existencial Viktor Frankl nos dá o exemplo de um homem que receava suar na presença de certas pessoas que lhe provocavam o suor. Frankl o estimulou a escolher uma atitude de *orgulho* diante daquela capacidade de suar. E a dizer a si mesmo, quando encontrava as pessoas que faziam disparar sua ansiedade: "Suei apenas 1 litro até há pouco, mas agora vou suar pelo menos 10 litros!" Segundo Frankl, essa estratégia permitiu ao homem livrar-se rapidamente de sua fobia.

Em muitos casos, o cliente pode prescindir das recomendações do terapeuta para desenvolver estratégias. As estratégias lhe ocorrerão como resultado da percepção de que ele é livre, de que a mudança radical é possível, e assim por diante. O simples fato de formular suas próprias estratégias mostra que ele está progredindo. A terapia existencial sempre estimula os clientes a tomarem iniciativas. O que não é de surpreender, uma vez que o principal objetivo do exercício de uma terapia existencial é a tomada pessoal de decisões.

Atingir a consciência intelectual de sua própria liberdade pode ser, por exemplo, o primeiro passo de um cliente rumo ao domínio de sua aracnofobia. (O ex-presidente norte-americano George W. Bush e o ex-primeiro-ministro britânico Tony Blair sofriam de Iraquenofobia, mas isso não tem cura.) Ao perceber que não fica paralisado pelo fato de ser alguém que tem medo de aranhas, o cliente perceberá que deve, até certo ponto, escolher a si mesmo como alguém que não tem outra escolha senão temer aranhas. Ele reafirma sua escolha toda vez que age de modo amedrontado em relação a aranhas, matando-as. A solução para sua fobia é abster-se, por um ato de vontade – o que, reconhecidamente, não será fácil no início –, de todo comportamento que confirme sua falsa crença de que o medo é algo que o paralisa. Ao abandonar esse projeto de eternizar-se no medo irracional, essa pessoa pode eventualmente perceber que não há, de fato, nada a temer nas aranhas domésticas. Caso ele more na Austrália, porém, onde há várias espécies venenosas, inclusive a mortal viúva-negra, ele faria melhor se preservasse sua aracnofobia. Fobias e neuroses nem sempre são negativas, uma vez que podem nos proteger e nos encaminhar em direções úteis.

Assim como procura colocar os clientes em contato com sua liberdade e a capacidade de mudar, o terapeuta existencial também objetiva reconciliá-los com certos fatos básicos da condição humana, tais como identificados pelo existencialismo. Por exemplo, o fato de estarmos em constante processo de nos tornar algo que nunca se realizará plenamente – nem mesmo se ganharmos na loteria, mergulharmos com golfinhos ou dirigirmos um tanque de guerra. Sempre vamos querer algo mais, algo que sentimos estar faltando, pelo qual suspiramos; acreditamos que a grama do vizinho é sempre mais verde. Tudo isso é fundamental para a criatura a quem falta a si mesma no presente e que continuamente se esforça por se integrar consigo mesma no futuro. A terapia existencial trabalha com o pressuposto de que as pessoas poupariam a si mesmas muito sofrimento se percebessem isso em vez de pensarem que há alguma coisa muito errada com elas por não se sentirem felizes e satisfeitas o tempo todo.

Até certo ponto, a terapia existencial tem por objetivo mostrar às pessoas que elas não precisam sofrer por aquilo que são. E, por outro lado, que o simples fato de estarmos vivos apresenta a todos nós inevitáveis dificuldades. Considere-se a atitude da terapia existencial perante a ansiedade, tal como foi expressa por Gary S. Belkin em seu livro *Introduction to Counselling* [Introdução à terapia]. Já vimos que, segundo os existencialistas, a ansiedade ou a angústia são aspectos inescapáveis da percepção de que somos livres. Belkin escreveu:

> O terapeuta existencial, diferentemente do terapeuta psicanalítico ou behaviorista, não considera a ansiedade como uma condição perigosa ou neurótica. Antes, ele vê a ansiedade como uma condição fundamental da existência. O trabalho do terapeuta é ajudar o cliente a aceitar sua ansiedade como parte de seu ser fundamental.[66]

Aceitar certo nível de ansiedade pode poupar a uma pessoa uma espiral ascendente de ansiedade, na qual se tornaria ansiosa por estar ansiosa.

O objetivo final da terapia existencial é ajudar os clientes a descobrir o sentido da própria vida. Pode parecer um objetivo estranho, tratando-se de uma forma de terapia que se apoia em uma filosofia que considera a vida como essencialmente absurda e sem sentido. Mas o que é preciso compreender é o que resulta dessa crença na falta de sentido da vida. Ou seja, que apenas as pessoas podem, por si mesmas, dar à própria vida algum sentido, por meio dos objetivos que antepõem a si mesmas, das escolhas que fazem e das decisões que tomam. A terapia existencial tem o objetivo otimista de procurar mostrar ao cliente que sua vida é um livro por escrever, tarefa que cabe apenas a ele.

O único sentido da vida é aquele que você escolhe dar a ela.

Notas

(Quando há tradução do livro no Brasil, o título em português aparece entre colchetes.)

1. Cox, Gary, *The Sartre Dictionary*, Continuum, 2008.
2. Dickens, Charles, *Bleak House* [A casa soturna], Penguin, 2003, p. 227.
3. Nietzsche, Friedrich, *Beyond Good and Evil: Prelude to a Philosophy of the Future* [Além do bem e do mal], Penguin, 2003, p. 107.
4. Ibid., p. 40.
5. Sartre, Jean-Paul, *The Family Idiot*, vols. 1-5, University of Chicago Press, 1981.
6. Sartre, Jean-Paul, *Being and Nothingness: An Essay on Phenomenological Ontology* [O ser e o nada: Ensaio de ontologia fenomenológica], Routledge, 2003, p. 17.
7. Ibid., p. 2.
8. McCulloch, Gregory, *Using Sartre: An Analytical Introduction to Early Sartrean Themes*, Routledge, 1994, p. 15.
9. Sartre, Jean-Paul, *Being and Nothingness: An Essay on Phenomenological Ontology*, [O ser e o nada: Ensaio de ontologia fenomenológica], Routledge, 2003, pp. 33-35.
10. Ibid., p. 35.
11. Ibid., p. 34.
12. Ibid., p. 86.
13. Ibid., p. 146.
14. Sartre, Jean-Paul, *The Age of Reason* [A idade da razão], Penguin, 2001, p. 19.
15. Sartre, Jean-Paul, *Being and Nothingness: An Essay on Phenomenological Ontology*, [O ser e o nada: Ensaio de ontologia fenomenológica], Routledge, 2003, p. 245.
16. Sartre, Jean-Paul, *In Camera (No Exit or Behind Closed Doors)* [Entre quatro paredes], in *In Camera and Other Plays*, Penguin, 1990, p. 223.
17. Sartre, Jean-Paul, *Being and Nothingness: An Essay on Phenomenological Ontology*, [O ser e o nada: Ensaio de ontologia fenomenológica], Routledge, 2003, p. 462.
18. Ibid., p. 503.
19. De Beauvoir, Simone, *The Ethics of Ambiguity* [Por uma moral da ambiguidade], Citadel Press, p. 81.
20. Sartre, Jean-Paul, *Being and Nothingness: An Essay on Phenomenological Ontology*, [O ser e o nada: Ensaio de ontologia fenomenológica], Routledge, 2003, p. 352.
21. Ibid., pp. 53-56.
22. Ibid., p. 53.

23. Ibid., p. 71.
24. Ibid., p. 75.
25. Ibid., p. 79.
26. Ibid., p. 82.
27. Sartre, Jean-Paul, *War Diaries: Notebooks from a Phoney War, 1939-1940* [Diário de uma guerra estranha], Verso, 2000, p. 54.
28. Sartre, Jean-Paul, *Being and Nothingness: An Essay on Phenomenological Ontology*, [O ser e o nada: Ensaio de ontologia fenomenológica], Routledge, 2003, p. 87.
29. Sartre, Jean-Paul, *Truth and Existence* [Verdade e existência], University of Chicago Press, 1995, p. 33.
30. Sartre, Jean-Paul, *Nausea* [A náusea], Penguin, pp. 32-33.
31. Kierkegaard, Søren, *Concluding Unscientific Postcript* [Post-scriptum final não científico], Cambridge University Press, 1990, p. 175.
32. Sartre, Jean-Paul, *Nausea*, [A nausea], Penguin, p. 147.
33. Sartre, Jean-Paul, "The Childhood of a Leader" [A infância de um chefe], in Sartre, *The Wall* [O muro], New Directions, 1988.
34. Murdoch, Iris, *Sartre: Romantic Rationalist*, Fontana, 1968, p. 12.
35. Sartre, Jean-Paul, *Nausea*, [A nausea], Penguin, p. 124.
36. Ibid., pp. 67-68.
37. Nietzsche, Friedrich, *Beyond Good and Evil: Prelude to a Philosophy of the Future*, [Além do bem e do mal], Penguin, 2003, p. 112.
38. Sartre, Jean-Paul, *War Diaries: Notebooks from a Phoney War, 1939-1940*, [Diário de uma guerra estranha], Verso, 2000, p. 113.
39. Ibid., p. 112.
40. Ibidem.
41. Ibidem.
42. Ibid., p. 54.
43. Ibidem.
44. Ibid., p. 113.
45. Ibid., p. 110.
46. De Beauvoir, Simone, *The Ethics of Ambiguity*, [Por uma moral da ambiguidade], Citadel Press, p. 52.
47. Sartre, Jean-Paul, *War Diaries: Notebooks from a Phoney War, 1939-1940*, [Diário de uma guerra estranha], Verso, 2000, p. 112.
48. Ibidem.
49. Ibid., pp. 220-221.
50. Ibidem.
51. Ibid., p. 221.
52. Ibidem.
53. Ibidem.

54. Ibidem.
55. Ibid., p. 62.
56. Donne, John, *Meditation XVII*, in Donne, *Selected Poems*, Penguin, 2006.
57. Golomb, Jacob, "Nietzsche on Authenticity", *Philosophy Today*, vol. 34, 1990, p. 254.
58. Nietzsche, Friedrich, *Beyond Good and Evil: Prelude to a Philosophy of the Future*, [Além do bem e do mal], Penguin, 2003, p. 97.
59. Nietzsche, Friedrich, *Thus Spoke Zarathustra* [Assim falava Zaratustra], Oxford University Press, 2005, p. 161.
60. Nietzsche, Friedrich, *The Gay Science* [A gaia ciência], Vintage Press, 1974, 341, pp. 273-274.
61. Nietzsche, Friedrich, *Ecce Homo: How One Becomes What One Is* [Ecce homo], Penguin, 2004, p. 68.
62. Heidegger, Martin, *Being and Time* [Ser e tempo], Blackwell, 1993, p. 307.
63. Ibid., p. 30.
64. De Beauvoir, Simone, *The Ethics of Ambiguity*, [Por uma moral da ambigüidade], Citadel Press, p. 82.
65. Van Deurzen-Smith, Emmy, *Existential Counselling and Psychoterapy in Practice*, Sage, 2002, p. 236.
66. Belkin, Gary S., *Introduction to Counselling*, W. C. Brown, 1998, p. 187.

Leitura complementar

Blackam, Harold John. *Six Existentialist Thinkers*. Londres e Nova York, Routledge, 1991.

Camus, Albert. *O estrangeiro*. Londres, Penguin, 2000.

Cox, Gary. *Sartre: A Guide for the Perplexed*. Londres e Nova York, Continuum, 2006.

_____. *Sartre and Fiction*. Londres e Nova York, Continuum, 2009.

Detmer, David. *Freedom as a Value: A Critique of the Ethical Theory of Jean-Paul Sartre*. La Salle, IL, Open Court, 1986.

Earnshaw, Sephen. *Existentialism: A Guide for the Perplexed*. Londres e Nova York, Continuum, 2006.

Frankl, Viktor. *Em busca de sentido*, Londres, Rider, 2004.

Índex de Livros Proibidos do Vaticano (*Index Librorum Prohibitorum*) e as obras contidas neles, de autoria de Bacon, Galileu, Descartes, Milton, Pascal, Locke, Voltaire, Hume, Rousseau, Flaubert, Zola, Sartre e outros.

Laycock, Stephen. *Nothingness and Emptiness: A Buddhist Engagement with the Ontology of Jean-Paul Sartre*. Albany, NY, SUNY Press, 2001.

Loy, David. *Lack and Transcendence: The Problem of Death and Life in Psychotherapy, Existentialism and Buddhism*. Nova York, Prometheus, 2003.

Panza, Christopher e Gale, Gregory Existentialism for Dummies. Oxford, Wiley-Blackwell, 2008.

Warnock, Mary. *Existentialism*. Oxford, Oxford University Press, 1992.

Índice remissivo

absurdo 9, 22, 24, 35, 37, 62, 76, 82, 99
ação 11, 45, 48, 50-2, 63, 66, 70, 98-9
aceitação 39, 86, 108
afirmação 22, 34, 53, 86-7, 90, 99, 101, 104-5, 108, 115
Alka-Seltzer existencial 74-5
além-do-homem 102, 108
Allen, Woody 75
amanhã 38, 107
ambiguidade 89
amor 18, 29, 93, 95, 105
angústia 34, 46, 57, 97, 117 *ver também* ansiedade
ansiedade 19, 26, 57-8, 66, 73, 82, 115, 117 *ver também* angústia
antiautoritário 14
antidepressivos 92
antiniilista 19-20
antissemitismo 79-80, 97
aparência 16, 29-30, 98
Aristóteles 9
arrogância 107
assumir 20, 48, 64, 67-8, 71, 73, 80, 86-8, 97, 103-6, 108
ausência 30-2, 34-5, 79
autenticidade 9-10, 15-6, 24, 62, 65, 71-3, 76, 82, 85-92, 94-103, 105, 107-8, 115
autoafirmação 115
autoajuda 10, 83
autoaperfeiçoamento 111-2
autoconsciência 39, 112

autodomínio 92
autoengano 61-2
autonegligência 53
autopiedade 54
avaliações 31, 56

Barth, Karl 23
Baudelaire, Charles 112
Beatles, Os 10
Beauvoir, Simone de 14, 21-2, 24, 39, 46, 51, 89, 100, 108,
Beckett, Samuel 14, 23
Belkin, Gary S. 117
Bertolucci, Bernardo 23
bigodes 78-80
Blair, Tony 116
Bligh, William 59
boa-fé 69, 89
Bonham, John 55
Brando, Marlon 23
Branson, Richard 43
Brentano, Franz 28-9
Buber, Martin 23
budismo 76
burguês 78-9, 84, 99 *ver também* classe média
Bush, George W. 31, 116

café, cafés 11, 21, 34-5, 75-6, 79
cair na real 23, 86, 93
Camus, Albert 14, 20-1, 46
canalhas 79-80
caridade 43, 45
causa e efeito 49

Índice remissivo

celebridades 93
celibato 101
Churchill, Winston 93
classe média 61, 76, 78, 81
  ver também burguês
compreensão 13-4, 25, 35, 73, 93
condição humana 14, 16, 18-9, 21,
  23-4, 33, 38-9, 59, 72-3, 92, 96-7,
  105, 116
confiança 31
confissão 70
conflito 46-7, 69, 83
consciência 21, 24-39, 48-50, 55-6,
  61-2, 64, 74, 76, 87, 91, 93-4, 96,
  100, 116
consciência fustigada 87, 93
constrangimento 19, 42
contextualização 86
contingência 73-7, 79, 97,
conto de fadas 19, 21, 86
conversão radical 86, 102, 113-5
coragem 15, 73, 97, 103
correção política 22
covardia 97
culpa 9, 11, 19, 55, 70, 103, 113-4
cultura da acusação 11

Dasein (ser-aí ou ser-no-mundo) 106
deficiência 51-4, 72
depressão 34
derrota 93
desapontamento 40, 114
desculpas 11, 15, 53, 56-7, 71, 83,
  88, 91, 92, 94
desejo 19, 22, 27, 29, 42, 48, 62,
  88-90, 104, 108
desejar 19, 38, 92, 105
desespero 38
determinismo 48
Deus 19, 41-2, 73, 80-1, 104

Dickens, Charles 14
dignidade 42, 93-4
direitos 52, 80-2
direitos humanos 48
Donne, John 100
Dostoiévski, Fiódor 23, 103
drogas 47
dualidade psíquica 61-2

entusiasmo 67
escolha 7, 9, 11-2, 47-8, 50-2, 54-5,
  57-8, 63-4, 70, 79, 85-7, 89, 91-2,
  95-6, 101, 112-6
escolha fundamental 112-5
escravizar 47
esperança 54, 90-1, 111
esquizofrenia 23
estratégia de enfrentamento 58,
  82, 97
estresse agudo 56
estupidez 83
eternidade 76, 105
eterno retorno 104-5
existência 11, 14, 19-23, 37-40, 61-2,
  72, 74-5, 77, 80, 83, 95, 97, 100,
  104-6, 117
expectativa 11, 26-7, 32

facticidade 51, 53-4, 63-4, 66-7,
  69-70, 85-7, 92,
falta 32-4, 54, 64-5, 72-3, 76, 79, 93,
  97, 117
falha 90
fascismo 56, 80
fazer o melhor possível 93
felicidade 19-20, 29, 39
felicidade apesar de tudo 19
feminismo 22
fenomenologia 8, 24, 28, 54
filantropia 43

finitude 106, 108
Flaubert, Gustave 112-5
flerte 63-5, 67, 71, 73, 85
fobia 115-6
força de vontade 55-6, 95
fórmula para a grandeza 105
Freud, Sigmund 62, 79, 101
futuro-passado 36, 38, 50

garçom 65-8, 88
ganância 53
Genet, Jean 112
gênio 115
Gibson, Mel 47
Golomb, Jacob 102
guerreiro 100
guru 83

Hegel, Friedrich 24
Heidegger, Martin 21, 28, 46-7, 97, 105-7
Hendrix, Jimi 55
herói 47, 100
hipocrisia 83
história 78, 83, 97, 100, 113
homossexual 68-9, 71-2, 79, 85
honestidade 15, 69, 73
Hume, David 24
humilhação 42
Husserl, Edmund 28-9, 105

ideal ascético 101
ideal existencialista 15, 96
ideal nobre 101-2
idealismo 21
idealista transcendental 26
ideias perigosas 11-2, 79
idosos 93, 106
ignorância 16, 22, 72-3, 97-8
Igreja Católica 11

iluminação 16, 98
inautenticidade 85-6, 90, 94-7, 99
    ver também má-fé
inclinação, inclinações 26, 80, 105, 111
inconsciente 62
insanidade 55-6 ver também loucura
insatisfação 33, 39
intelectual 15, 17, 22, 43, 56, 80, 88, 97, 98, 114, 116
inteligência 15, 73, 96, 97
intenção futurizante 37
intencionalidade 28
ir à luta 93
irresponsabilidade 64, 73, 83

Jaspers, Karl 21
judeus 79-80, 101-2
juventude 107

Kant, Immanuel 24, 30
Kierkegaard, Søren 21, 23, 77-8

Laing, Ronald D. 23, 72, 113
lamentações 16, 88-9, 96, 108
Lawrence, D. H. 101
Lawrence da Arábia 101
Laycock, Stephen 76
liberdade 7, 9, 11, 14, 16, 24, 34, 39, 42, 45, 47-51, 54, 56-8, 65-6, 68-9, 73, 85-7, 89-90, 94-7, 100-2, 104-5, 108-9, 115-6
liberdade de escolha 7, 58
liberdades civis 48
Lincoln, Abraham 109
lógica 18, 93
loucura 23, 75-8 ver também insanidade
Loy, David 76

má-fé 9-10, 15-6, 24, 51, 58, 60-74, 76-7, 79-83, 85, 89-94, 96-7,

Índice remissivo

100-3, 106-8, 115 *ver também* inautenticidade
Manning, Bernard 55
Marcel, Gabriel 23
marinheiros britânicos 24, 60
Marx, Groucho 8
Marx, Karl 8
matemática 26
McCulloch, Gregory 30
medo 57, 73, 78, 108, 116
mentira 22, 61, 76, 81-2
Merleau-Ponty, Maurice 21, 54-5
metafísica 21
misticismo 75
Mitsein (ser-com) 46-7
modéstia 10, 43-4
Monte Python 81
moral 9, 45, 65, 77, 79-80, 89, 105
mortalidade 73, 105-6, 108
morte 8, 18, 20, 34, 50, 54, 76, 82, 97, 106-8, 114
motivo 16, 31, 34, 38, 43, 65, 83
Murdoch, Iris 81

nada 7, 10, 12, 21, 24-5, 27-30, 32-5, 37-8, 41, 44, 49, 54, 57, 59, 63, 65-9, 72, 75-6, 78-9, 83, 85, 87, 89-90, 103-4, 111, 115-6
não-ser 25, 32, 34-5
Napoleão 92, 103
nascer de novo 103
Natal 81
náusea, A 74-6, 80-1
nazista 21-2, 102
negação 30, 32, 34, 58, 70, 79, 86
negligência 93
neurose 116
Nietzsche, Friedrich 14-5, 18, 21, 73, 75, 78, 82, 89, 101-5, 108
niilista 20, 89-90

nobreza 93-4
nomeação 75

objetivos pessoais 43
objeto intencional 29
obrigação 28, 51, 62
olhar, o 7, 41-2, 45-6, 78
ontem 38, 107
opressão 48
orgulho 42-3, 52, 80, 115
otimismo 14, 16, 93, 113
outras pessoas 9, 19, 39-42, 46-7, 65-6, 111, 115 *ver também* o outro
outro, o 40-5, 61, 64-5, 76

pânico 55-6, 109
paradoxo 24, 35-6
paraíso 19, 46-7, 81,
paraquedistas britânicos 24
passado 30, 33-4, 36-8, 43, 49-50, 63, 65, 69-70, 80, 94, 103-6, 112 *ver também* passado-futuro
passado-futuro 36, 38, 50
passividade 114-5
paz de espírito 10, 101
pedófilos 55
Pernalonga 14-5
pessimista 20, 46
Platão 9, 16, 98,
políticos 77
pornografia 45
possibilidades 18, 20, 33-4, 39, 49-50, 58, 96, 104, 106-7
preconceitos 80, 113
preferência sexual 55, 71
preguiça 53, 70, 82-3, 93
presença 34, 36, 41, 79, 115
presente 20, 33, 36-7, 39, 49, 61, 63, 85, 88, 99, 106-7, 116

pretender 86
projeto fundamental 76, 113
Protágoras 31
provocação 63, 65
psicanálise 62, 101
psicanálise existencial 72, 112
psicose 23

questionamento 14, 16
Quixote, Dom 77

Raskolnikov [personagem de Dostoiévski] 103, 105
Real Marinha Britânica 59
realidade 9, 12, 14-6, 21, 23, 26, 29, 35, 50-1, 58, 60, 67, 70, 72-3, 77, 79, 86-7, 89, 94, 98
reality show 93
realização plena 19, 96, 116
reavaliação 41
"redução" da responsabilidade 56
Reeve, Christopher 52
religião 47, 83
repressão 101
respeito 77, 80
responsabilidade 10-1, 16, 20, 39, 47-8, 50-1, 53, 56, 58, 63-4, 66-8, 70-3, 85-8, 92, 94, 97, 100, 103-4, 108
ressentimento 44
risco 40, 108
robô 9, 66
romanos 1069
Roquentin, Antoine [personagem de Sartre] 75-6, 80

sanidade 8, 23, 76
Santo Graal 15, 88
Sartre, Jean-Paul 7, 10-4, 18, 21-3, 25, 28-31, 34-6, 39, 41-2, 46, 50-1, 54, 56-7, 60-76, 78-83, 85-90, 94-5, 99-102, 105, 107, 112-5
satisfação 34, 38-9, 97, 109
Schopenhauer, Arthur 14, 21, 75
Scott, Bon 55
sedentários 53
Segunda Guerra Mundial 46, 56, 100
sem finalidade 19, 74, 82
sem sentido 19, 22, 82, 117
senso de humor 55
ser 31-3, 74-6
ser-com-outro *ver* Mitsein
ser-em-situação 67-8, 87-8, 96
ser indiferenciado 30, 32
ser-para-a-morte 105, 108
ser-para-outro 39-40, 42-6
Shakespeare, William 23, 108
sinceridade 68-70, 72, 85
Sísifo 20
sociedade 75, 77, 81, 100
sociologia 22
Sócrates 9, 17
substancialidade 89-91
suicídio 20, 86
superação 20, 36, 51, 102, 115
superburguesia 81
supérflua 74
suspensão da descrença 88

talento 44
tempo 24-6, 32-3, 35-9, 49, 73, 82, 106, 109, 113 *ver também* temporalidade
temporalidade 35, 48 *ver também* tempo
Thatcher, Margaret 77
Tillich, Paul 23
timidez 44
transcendência 36, 41-2, 45-6, 49-51, 63-4, 66-70, 76, 85

transcendência transcendida 69
translúcida 62

Übermensch 102 *ver também* além-do-homem

vaidade 43-4
valores 41, 77, 86, 101, 102-3
Van Deurzen-Smith, Emmy 112
verdades duras 38, 97 *ver também* verdades existenciais

verdades existenciais 20, 33, 73, 96-7, 112 *ver também* verdades duras
vergonha 19, 42-4
vertigem 57
violência 83,
virtudes 93-4
vontade de potência 15, 101-2

Wallace, William 47
Wellington, duque de 92

Para conhecer outros títulos da Editora Alaúde, acesse o site
www.alaude.com.br, cadastre-se e receba nosso boletim eletrônico com novidades